의심의 철학

이진우 교수의
공대생을 위한 철학 강의

의심의
철학

이진우 지음

Humanist

프롤로그

정답을 의심하라: 과학의 시대, 철학의 쓸모

21세기가 과학의 시대라는 점은 의심의 여지가 없다. 과학은 오늘날 우리가 살아가면서 부딪히는 많은 문제에 해결책을 제시한다. 전 세계적 식량 문제는 유전자 변형 식품을 통해 해결할 수 있다고 하고, 물이 부족한 곳에서는 지구상의 물 중 98퍼센트나 되는 해수를 담수화하는 기술이 대안으로 제시되며, 문명의 발전과 직결되는 에너지 문제를 해결하기 위한 여러 기술이 제안된다.

오늘날 과학과 기술은 단지 문제 해결에 만족하지 않는다. 과학과 기술은 인간이 생물학적 존재로서 진화 과정에 예속되어 있는 한계를 극복하려 한다. 우리가 생물학적 존재이기에 피할 수 없다고 여겼던 생로병사(生老病死)의 한계를 과학과 기술의 힘을 통해 극복할 수 있다는 믿음이 급속도로 퍼지고 있다.

출산의 고통을 거치지 않고도 생명체를 만들 수 있는 생명공학, 우리에게 영원한 젊음을 약속하는 반(反)노화 기술, 인간보다 훨씬 더 뛰어난 인공지능은 인간의 숙명인 죽음 문제도 해결하는 것처럼 보인다. 삶과 사회의 온갖 문제를 해결할 뿐만 아니라 인류의 오랜 꿈을 실현할 거라는 믿음이 보편화된 21세기는 과학과 기술의 시대다.

그런데 과학이 너무 성공한 것일까? 과학의 시대에 의심과 질문이 사라지고 있다. 과학이 발전할 수 있었던 이유는 다름 아닌 의심과 호기심 때문이지 않은가. 많은 사람이 당연하다고 여길 때 왜 그것이 당연한지 의심하고 질문할 줄 아는 사람들이 과학의 시대를 열었다.

우리의 삶을 침식하는 과학의 편의가 강화될수록 과학을 찬탄할 뿐 질문하지 않는 역설. 의심하고 질문하지 않는 찬탄은 우리를 두 가지 의미에서 수동적으로 만든다. 하나는 과학에 질문을 던지지 않는다. 과학이 우리에게 번영과 발전을 가져올 것이라고 믿을 뿐 어떤 과학이 인류에게 도움이 될지는 묻지 않는다. 다른 하나는 삶에 질문을 던지지 않는다. '우리는 어떤 존재가 되고 싶은가?'라는 철학적 질문은 차치하고서라도 '우리는 어떤 삶을 원하는가?'라는 질문도 깊이 고민하지 않는다.

과학이 지배하는 시대는 철학이 필요한 시대다. 우리는 과학과 철학의 불화로부터 출발하여 철학의 정체를 밝히고자 한다. 강단 철학은 쇠퇴하는데 철학에 대한 일반의 기대는 오히려 높아지는 역설적 현상은 무엇을 말해주는가? 이 시대를 지배하는 과학적 정신과는 달리 삶과 사회에는 정답이 없기 때문이다.

만약 정답이 있다면 적용하기만 하면 된다. 그렇지만 정답이라고 제시되는 답에서 문제가 발견될 뿐만 아니라 정답이 본래부터 없다면, 우리는 의심하고 질문해야 한다. 정답을 의심하라! 의심하지 않으면 질문할 수 없다. 과학도, 정의도, 정치도, 신도, 심지어 나의 존재조차도 의심하지 않으면 안 된다.

철학은 과학과는 달리 특정한 분야의 문제와 지식을 다루지 않는다. 철학은 삶 전체를 문제 삼는다. 그런데 삶에는 정답이 없다. '무엇이 좋은 삶인가?' '나의 진정한 자아를 어떻게 발견할 수 있는가?' '어떤 사회가 정의로운 사회인가?' '우리는 어떻게 다른 사람들과 의사소통할 수 있는가?'

공대에서 학생들에게 철학을 가르치면서 부딪힌 어려움은 대체로 두 가지였다. 하나는 학생들이 이런 문제를 거의 접하지 않았다는 사실이며, 다른 하나는 이런 문제를 대할 때에도 항상 정답을 기대하고 접근한다는 점이다.

예를 들면 우리는 인간보다 더 빠르고 효율적으로 데이터를 처리할 수 있는 인공지능을 개발할 수 있다. 인공지능을 갖춘 로봇은 21세기의 다양한 문제를 해결할 방책일 수 있다.

그렇지만 철학은 과학과 기술이 정답과 해결책이라고 생각하는 지점에서 출발한다. '만약 인공지능이 인간을 대신해 노동한다면, 우리는 정말 자유로운 삶을 살 수 있는가?' '인공지능이 지배하는 사회에는 다른 종류의 계급이 발생할 수 있지 않은가?' '인공지능이 인간에게서 빼앗아가는 것이 일자리뿐인가?'

이런 질문은 결코 수학적으로 풀 수 있는 문제가 아니다. 사람들은 정답을 기대하고 들어온 철학이 답변은커녕 끝없는 질문만 던지는 것을 보고 실망하거나 당황한다. 우리가 살고 있는 21세기는 '모든 문제는 해결될 수 있다'는 과학과 기술의 시대이기 때문에 더욱 그렇다. 지난 500년간 과학과 기술 덕택에 인간의 지식과 힘은 유례없이,

실로 놀라울 정도로 커졌다. '모든 문제에는 정답이 있다'는 과학·기술적 신앙은 바로 이런 성공의 결과이다.

그런데 과학과 기술이 가공할 정도로 발전한다고 삶의 문제가 해결되지는 않는다. 우리는 시대가 변해도 변하지 않는 동일한 문제에 부딪힌다. 사랑·폭력·갈등·불평등·평화·정의와 같은 철학적 문제들이다. 철학적 문제들의 이러한 영원회귀는 우리에게 철학의 고향으로 돌아갈 것을 권유한다. 삶의 문제에 대한 정답을 갖고 있다고 주장하는 소피스트들에 대항하여 철학을 했던 소크라테스의 정신을 회복해야 한다. 삶의 문제에 대해 소크라테스처럼 아무것도 알지 못한다는 점을 인정하는 순간, 우리는 비로소 철학을 시작할 수 있다.

철학은 이처럼 정답에 대한 의심에서 시작한다. 정답을 확신하는 사람은 질문하지 않지만, 의심하는 사람은 끊임없이 묻는다. 삶의 의미를 찾기 위해 올바른 질문을 제기하는 것, 그것이 바로 동사로서의 '철학함'이다.

우리는 과학을 지배적 학문으로 올려놓은 시기에 회의와 의심을 놓지 않았던 주요 현대철학자들의 물음을 통해 철학함의 실마리를 찾고자 한다. 그들은 역사·의식·언어·욕망·예술과 같은 다양한 문제를 다루지만 한결같이 깊은 의혹으로 무제한적인 통찰의 다양성을 추구한다는 점에서 니체가 말한 '의심의 학파'에 속한다.

'의심의 학파'는 정답의 시대인 과학과 기술의 시대를 성찰한 철학자들이다. 우리는 이 위대한 현대철학자들의 지식에는 관심이 없다. 그들이 어떻게 질문을 던지고, 어떻게 사유했는지가 관건이다. 마르크스·니체·프로이트·하이데거·비트겐슈타인·호르크하이머·아도르노·사르트르·베냐민·포퍼·아렌트는 모두 방대한 철학적 지식 체계를 발전시킨 철학자들이다. 이 지식은 수학이나 물리학 공식만큼이나 이해하기 어렵다.

우리는 좀처럼 파악하기 어려운 주제를 삶의 문제에 시달리는 일반 독자가 명쾌하고 흥미롭게 읽을 수 있도록 광장과 시장의 언어로 옮겨야 한다. 철학자들을 이해하려면 그들이 말한 것 가운데 무엇이 정말로 중요한지를 곰곰이 생각해야 한다. 그들이 어떤 의심을 갖고 어떻게 질문했는지를 깨달을 때, 우리는 비로소 그들 사상의 핵심을 건드릴 수 있다. 우리가 각 철학자를 대변하는 하나의 명제만을 곱씹는 까닭이 여기에 있다. 이렇게 우리는 직업으로서의 철학에 의심을 품은 사람들에게 의심을 가르치려 한다. 이들 자신이 철학자가 될 수 있도록.

이 책은 포스텍 학생들에게 철학 사상 논쟁을 가르친 경험이 토대가 되었다. 철학에 관한 사전 지식은커녕 인문학적 소양이 많지 않은 학생들에게 철학을 가르친다는 것은 하나의 모험이다. 학생들에게 철학적 지식을 전달하겠다는 생각은 처음부터 하지 않았다. 모든 철학적 사유는 자신이 갖고 있는 구체적 삶의 문제로부터 출발한다는 전제 아래 학생들 스스로 자신의 의문과 질문을 구성하도록 유도했다. 처음에는 어렵고 곤혹스러워하던 학생들이 자신만의 질문을 만들어가는 과정을 지켜보는 것은 커다란 기쁨이었다. 이 자리를 빌려 강의에 적극 참여했던 포스텍 학생들에게 진심으로 고마운 마음을 전한다.

어떤 문제에 대해 합의할 수 있는 진리를 찾아가는 과정도 아름답지만, 그러기 위해서는 우선 '다름'의 경험이 필수적이다. 여기에서 다룬 다양한 철학자에 대한 나의 해석은 결코 올바르거나 정확한 해석이 아니다. 다른 의견을 자극하고, 다른 방식의 접근을 유도하는 나의 관점일 뿐이다.

이 책에 실린 글의 일부를 2016년 3월 21일부터 10월 13일까지 네이버캐스트에 연재하면서 다양한 목소리를 들을 수 있었던 것은 나에게도 커다란 자극이 되었다. 실존주의 철학자 하이데거가 말한 것처럼, 철학은 동일한 문제를 다르게 해석하는 것이다. 하나의 목소리가 지배하면 전체주의가 되고 다양한 목소리가 조화를 이루면 민주주의가 된다는 사실을 뼈아프게 경험한 역사적 순간에 이 책을 내게 되었다. 이 책이 많은 독자에게 다가갈 수 있도록 수고를 아끼지 않은 휴머니스트 편집부에 진심으로 감사한다.

2017년 봄
이진우

차례

· 일러두기

본문에서 저자가 강조하고자 하는 부분은 굵은 글씨로 표시했다. 인용문의 굵은 글씨는 원문을 따랐다.

1장

마르크스, 역사를 의심하다

"철학은 세계를 단지 다르게 '해석'했다. 그러나 문제는 세계를 '변혁'시키는 것이다."

카를 마르크스, 〈포이어바흐에 관한 테제〉 11

1.

우리는 어떻게 세계를 변화시킬 수 있는가

이 세상을 움직이는 것은 무엇인가? 우리를 옥죄고 억누르는 삶으로부터 벗어나 우리 자신과 세상 사이의 틈새를 조금이라도 벌려놓으면 자연스럽게 올라오는 질문이 있다. 세상은 끊임없이 변화하는데, 이 변화는 어떻게 이루어지는 것인가?

우리는 모두 '어쩌다 한국인'으로 태어나 누구의 딸 또는 아들로서 이미 복잡한 사회관계의 그물망 속에서 살아간다. 내가 이 사회관계를 선택하지 않았다는 것은 두말할 나위 없이 명백하다. 그렇더라도 이 사회관계가 나의 삶의 방식을 전적으로 결정한다고 말할 수는 없다. 내가 아니라면 도대체 누가 이 세상을 변화시키는가?

세상을 바꾸기는커녕 감내하기조차 힘들다는 무력감에 빠져들수록 의문은 더욱더 커져간다. 우리는 어떤 세상에 살고 있는가? 우리가 살고 있는 이 세상은 왜 '이래야만' 하는가?

이 세상을 움직이는 것은 무엇인가

얼마 전 열린 세계경제포럼(World Economic Forum)을 앞두고 국제 구호기구 옥스팜(Oxfam)이 2016년 1월 18일 〈1%를 위한 경제〉라는 보고서를 발표했다.[1] 세계에서 가장 부유한 상위 1퍼센트 부자가 나머지 99퍼센트의 사람보다 더 많은 부를 축적하고 있다고 한다. 2015년 현재 62명의 극초(極超) 거대 부자들이 가진 부는 인류의 절반인 밑바닥 하위 36억 명의 것과 같다. 지구상에 인류가 등장한 이래 과연 현재보다 더 불평등한 시대가 있었는지 의문이 들 정도로 양극화가 심각한 지금, 세상을 움직이는 것은 전 세계 상위 1퍼센트의 부자들인가?

돈이 있는 곳에서 지식이 생산된다. 세계 경제가 침체의 위기를 보이면 어느 곳에서나 차세대 성장 동력으로 최첨단 과학과 기술을 발전시켜야 한다고 아우성이다. 디지털 테크놀로지, 로봇기술, 사물인터넷, 드론, 지능형 무인자동차, 인공지능, 유전공학. 이처럼 거리의 보통 사람들은 도무지 이해할 수 없는 수많은 새로운 지식과 기술이 우리의 삶과 사회를 근본적으로 변화시킨다.

그러나 지금 우리에게 자연스러운 변화에 대한 인식은 그리 오래되지 않았다. 기원전 5세기 소크라테스 시대의 어느 철학자나 2000년 이후 중세 말기 어느 수도사가 세계를 바라보는 방식은 그렇게 다르지 않았다. 콜럼버스의 신대륙 발견, 종교혁명 및 산업혁명 등과 함께 16세기 과학혁명이 일어나고부터 세상은 몰라볼 정도로 변화하기 시작했다. 사람들은 이때부터 이러한 변화를 '진보'라고 부르기 시작했다.

최근 500년 동안 이루어진 폭발적 변화가 과거 5000년 동안의 성과를 훨씬 뛰어넘을 정도로 압축적이었으니 진보를 믿는 것이 결코 이상한 일이 아니다. 내일은 오늘보다 더 나아질 것이라는 믿음이 오늘날 여전히 우리를 지배하고 있다. 그렇다면 세상을 바꾸는 것은 자본에 기반을 둔 과학과 지식인가?

우리가 미래를 신뢰하는 덕분에 현대 경제가 성장할 수 있는 것이라면, 우리는 지속적으로 성장하기 위해서 끊임없이 미래를 신뢰해야 한다. 지금은 "세상이 왜 이래!"라고 한탄하지만, 그럼에도 불구하고 내일은 지금보다 나아질 것이라고 믿어야 한다. 그런데 경제가 성장하고 사회가 변화하면 나의 삶도 정말 긍정적으로 변화하는 것인가? 세계 최상위 부자 62명의 1인 평균 부의 규모가 5800만여 명의 부와 맞먹는 규모로 불평등이 심하더라도, 사람들은 질병과 고통, 범죄로부터 해방된 좋은 삶을 살 수 있는 것인가? 간단히 말해, 경제적 성장은 우리에게 자유롭고 정의로운 사회, 그리고 행복한 삶을 보장하는가?

이러한 의심이 쌓일수록 우리는 본래의 질문으로 돌아간다. '이 세상을 움직이는 것은 무엇인가?' 우리의 삶을 개선하기 위해 사회를 바꾸고 싶지만 변화하지 않는 거대한 사회관계에 맞닥뜨릴 때 우리는 이처럼 질문하게 된다. 이런 질문을 가장 선명하게 제기한 철학자가 바로 카를 마르크스(Karl H. Marx, 1818~1883)이다.

"철학은 세계를 단지 다르게 해석했다. 문제는 세계를 변혁시키는 것이다."[2] 프리드리히 엥겔스(Friedrich Engels, 1820~1895)가 유고에

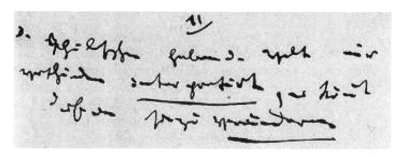

서 발견하여 1888년 발표한 이 명제는 좁게는 마르크스의 입장, 넓게
는 철학의 성격과 관련하여 많은 논란을 불러일으켰다. 여기서 수많
은 해석을 촉발시킨 이 명제 자체를 해석할 생각은 없다. 이 명제의
토대가 된 1845년 마르크스의 메모를 중심으로 우리의 의심을 풀어
보려 한다.

세계의 변화에 대해 질문한 철학자, 마르크스

'무엇이 세상을 움직이는가?' 이러한 질문이 비로소 현대에 들어와
제기되었다는 것은 놀라운 일이 아니다. 한편으로는 자본과 지식이
결합하여 세상을 바꿀 수 있다는 '진보의 이상'이 만연하지만 다른
한편으로는 개인이 어떻게 할 수 없는 거대하고 경직된 자본주의적
사회관계가 동시에 형성되는 역설적 시대가 바로 현대이기 때문이
다. 자유로운 개인을 탄생시키면서 동시에 사회를 변화시킬 개인의

자유와 역량을 쇠퇴시키는 것이 바로 현대의 패러독스이다.

현대인은 인류가 지구에 거주한 이래 처음으로 '진보의 역사'를 발견한다. 인류의 역사는 항상 더 높은 단계의 수준으로 발전해왔기 때문에 내일은 분명 오늘보다 더 좋을 것이다. 중세가 설령 암흑의 시대로 불리더라도 고대의 노예사회보다 발전한 것처럼, 현대사회의 불평등이 아무리 심각하더라도 과거의 어떤 시대보다 더 좋아졌다는 믿음이 여기에 자리 잡고 있다.

현대는 이런 점에서 '역사의 시대'다. 이런 관점에서 보면 '무엇이 세상을 움직이는가?'라는 질문은 '역사의 주체는 누구인가?'라는 질문으로 이어진다. 역사의 시대는 근본적으로 '인간의 시대'다. 이 세상이 신의 뜻대로 진행되는 것이 아니라면, 역사를 만드는 것은 의심할 여지없이 인간이기 때문이다. 인간이 역사를 만든다. **인간은 역사를 어떻게 만드는가?** 마르크스의 명제는 바로 이 물음에 대답하려는 시도이다.

"철학은 세계를 단지 다르게 해석했다. 문제는 세계를 변혁시키는 것이다." 마르크스가 메모에서 밑줄을 그어 강조한 두 낱말 '해석'과 '변혁'은 인간이 역사를 만들어가는 두 가지 방법이다.

인간은 우선 해석을 통해 역사를 만든다. 마르크스가 이제까지의 전통 철학이 단지 세계를 다르게 해석하기만 했다고 비판하면서 염두에 둔 사람은 두말할 나위 없이 게오르크 헤겔(G. W. F. Hegel, 1770~1831)이다. 헤겔은 프랑스 대혁명을 통해 표출된 자유 의식이 어느 날 갑자기 생성되었다가 사라지는 것이 아니라 역사를 통해 필연적으로 발전하는 것이라고 본다. 헤겔에게 세계 역사의 목표는 완전한 자유이다. 헤겔은 이제까지의 역사를 인간의 자유 의식이 진보하는 역사로 해석함으로써 우리가 살고 있는 세계를 더 많은 이성과 자유의 방향으로 변화시키고자 한다.

여기서 우리는 이러한 해석의 타당성 여부를 굳이 따질 필요가 없다. 세계사를 정신이 스스로 발전해가는 역사로 해석하는 헤겔의 철학 체계가 너무나 복잡하여 한번 빠져들면 헤어나기 어렵기 때문이기도 하지만, 역사를 통해 우리의 자유가 더 신장되기를 바라는 마음을 쉽게 접을 수 없는 것이 더욱 커다란 이유일 것이다. 우리가 의심의 눈초리를 보내야 할 것은 오히려 그의 철학적 전제다.

> 철학이 가지고 있어야 할 유일한 사상은 단순한 이성의 사상인데, 그것은 이성이 세계를 지배하며 따라서 세계사는 이성적으로 진행되었다는 사상이다.[3]

헤겔은 이성이 이 세상과 역사를 지배한다고 해석한다. 마르크스의 비판이 겨냥한 곳은 바로 이 지점이다. 세계를 지배하는 것은 궁극적으로 이성이라는 철학적 전제를 설령 받아들인다고 하자. 그렇지만 인류의 역사가 온갖 명분으로 자행한 대학살, 착취, 잔혹한 전쟁, 불평등에도 불구하고 이성적으로 진행되었다는 것을 어떻게 소화할 수 있겠는가? 이러한 관념론적 믿음은 종종 눈앞에서 벌어지는 폭력과 불의를 역사라는 이름으로 정당화할 수 있기 때문에 좀처럼 사회 변화의 실천으로 이어지지 않는다.

마르크스는 헤겔의 철학적 체계를 뒤집는다. 헤겔이 해석한 것처럼 정신이 우리의 구체적 현실을 지배하는 것이 아니다. 세계를 해석하는 우리의 정신을 규정하는 것은 오히려 현실의 물질적 조건이다. 마르크스는 이렇게 간단히 정리한다.

"자신의 존재를 규정하는 것은 인간의 의식이 아니다. 자신의 의식을 규정하는 것은 거꾸로 인간의 사회적 존재다."[4]

우리는 어떻게 세상을 변화시킬 수 있는가

세계를 해석하는 방식은 우리가 어떤 물질적 관계에 묶여 있느냐에 따라 달라진다. 고대사회의 노예가 과연 현대사회에서 발전된 인권 개념을 갖고 주인에 대항하여 자신의 자유를 찾을 수 있는가? 마찬가지로 우리는 자유를 실현할 수 있는 물질적 조건이 성숙되지 않은 사회에 자유를 강요할 수 없다. 모든 사회는 각각 그 사회가 직면하고 있는 구체적인 문제를 해결함으로써 보다 나은 사회로 발전하고자 한다. "이제까지의 모든 사회의 역사는 계급투쟁의 역사다."[5]라는 마르크스의 명제는 이런 맥락에서 이해되어야 한다.

만약 인류의 역사가 계급투쟁의 역사라면, 역사는 계급투쟁을 해결하려는 사회적 실천을 통해 발전한다. 인류의 문화적 유산을 돌이켜보면 계급투쟁은 결코 마르크스의 고유한 사상이 아니다. 동서고금을 막론하고 어느 사회나 지배계급과 피지배계급은 있어왔기 때문이다.

지배계급은 자신의 이해관계를 관철시킬 수 있는 이념과 이데올로기를 만들어내어 그것이 마치 모든 사람에게 타당한 것처럼 위장한다. 이러한 이데올로기 비판이 마르크스의 독창성이다. 대다수의 피지배계급이 끔찍하고 고통스러운 현실을 견뎌내기 위해 필요한 환상들은 사실 지배계급의 지배 수단이다. 우리의 현실을 직시하려면 이러한 환상을 걷어낼 필요가 있다.

"자신이 처해 있는 상태에 관한 환상을 포기하라는 요청은 환상을 필요로 하는 상태를 포기하라는 요청이다."[6]

환상 없이 세계를 바라보는 것이 과연 가능한가? 이 의심나는 문제는 잠시 제쳐놓기로 하자. 더 시급한 것은 다음 질문이다. **생각의 산물이 현실을 왜곡하는 환상에 지나지 않는다면, 우리는 어떻게 세계를 변화시킬 수 있는가?** 마르크스는 역사적 현실 속에서 자신의 삶을 개척하는 구체적인 개인과 그가 처해 있는 물질적 조건으로부터 출발해야 한다고 말한다.

> 사람들은 자신의 고유한 역사를 만든다. 그러나 그들은 역사를 자유로운 작품으로 만드는 것이 아니다. 스스로 선택한 상황에서가 아니라 직접적으로 주어진 전래된 상황에서 만든다.[7]

어떤 사회이든 개인에게 자신의 삶을 시작할 수 있는 기회조차 주지 않는다면, 이러한 상황을 변화시키는 실천적 노력 없이 역사를 만들 수 없다. 마르크스는, 이런 상황을 변화시키는 것은 바로 '사람들'이지 헤겔의 절대정신도 역사적 이성도 아니라고 단언한다.

사람들이 역사를 만든다. 그렇다면 역사를 만들어야 할 사람들이 먼저 변화해야 한다. 이런 관점에서 진정한 역사적 실천은 "상황의 변혁과 인간 활동의 변화가 일치할 때"[8] 비로소 이루어진다.

역사에 의심을 품어라

생각대로 살 수 없을 때, 즉 이론과 실천이 일치하지 않을 때 우리는 "사회가 왜 이래?"라고 묻게 된다. 과거에 무엇이 잘못되었기에 지금처럼 삶이 꼬인 것일까? 인류의 사회사도 개인사와 마찬가지다. 사회가 발전할수록 축적된 부가 모든 사람의 삶을 위해 쓰이기보다는 부익부 빈익빈만 더욱 심화된다면, 우리는 현실의 상황을 바꾸기 위해서도 이제까지의 역사를 해석할 수밖에 없다.

마르크스에게 역사적 주체는 자신의 생활 수단을 생산하는 인간이다. 마르크스는 사유하는 이성적 인간보다 물질적 생활 수단을 생산하는 구체적 인간에게 우선성을 부여한다.

> 생산의 방식이란 곧 이러한 개개인들의 일정한 활동의 방식이고, 그들의 삶을 표현하는 일정한 방식이며, 그들이 살아가는 일정한 생활양식이다. 사람들은 자신의 삶을 표현하는 방식대로 존재한다. 그러므로 그들이 어떻게 존재하는가는 그들의 생산, 즉 '무엇'을 생산하는가, 그리고 '어떻게' 생산하는가와 일치한다.[9]

우리는 역사가 이성적으로 발전할 것이라는 환상적인 꿈만으로는 살아갈 수 없다. 꿈을 실현할 수 있는 구체적인 물질적 조건을 필요로 한다. 그런데 현실을 변화시키려면 우선 현실을 해석해야 한다. 여기서 이성적 역사를 의심한 마르크스 역시 결국 사회혁명을 위해 사회주의와 공산주의라는 새로운 이데올로기를 만들어내고, 이를 위해 이제까지의 역사를 유물론적 관점에서 '해석'했다는 혐의를 받는다. 마르크스 자신은 혁명적 실천을 강조하지만 결국 이를 위해 역사를 해석할 수밖에 없다는 혐의를 이미 예측한 것처럼 보인다.

엥겔스가 발표한 명제는 '해석'과 '변혁'을 마치 대립적인 것처럼 표현한다. "철학은 세계를 단지 다르게 해석했다. 그러나 문제는 세계를 변혁시키는 것이다." 마르크스의 1845년 원본 메모에는 '그러나'가 없을 뿐만 아니라 두 문장이 쌍반점이 아닌 쉼표로 연결되어 있다. 여기서 우리는 '해석'과 '변혁'이 서로를 배척하지 않는다는 사실에 주목한다.

마르크스 역시 세계에 대한 해석 없이는 그 어떤 사회 변화와 혁명적 실천이 불가능하다는 점을 인정한다. 지구상에서 호모사피엔스가 성공할 수 있었던 핵심 요인은 "허구를 창작할 수 있는 능력"[10]이지 않은가. 서로 모르는 수많은 사람이 성공적으로 협력하여 역사를 만들려면 세계를 해석하는 허구가 필요하다. 역사의 주체에 대한 마르크스의 의심은 일견 '해석인가 아니면 변혁인가'로 서술되는 것처럼 보이지만 실제로는 '어떤 허구인가'라는 문제로 압축된다.

마르크스에게 의미 있는 허구는 사회 변화의 실천으로 이어질 수 있는 허구이다. 인간이 과연 사유를 통해 어떤 객관적 진리에 도달할 수 있는가 하는 물음은 결코 이론의 문제가 아니다. 그것은 실천적 문제다.

자신의 사유가 옳다는 것을 증명한다는 것은 무엇을 의미하는가? 자신의 생각의 진리를 증명한다는 것은 마르크스에 의하면 그 '현실성과 힘(the reality and power)'을 보여주는 것이다. 그것은 바로 우리의 생각이 구체적 현실과 동떨어진 저 세상을 가리키는 것이 아니라 '이 세상'에 뿌리를 내리고 있다는 점을 드러내는 것이다.[11]

이렇게 역사에 대한 마르크스의 의심은 우리를 구체적인 현실로 이끈다. **우리는 지금 그리고 여기서 현실을 바꿀 수 있는 허구를 갖고 있는가?** 우리가 자본주의 이론가들이 말하는 것처럼 역사의 종말에 도달한 것이 아니라면 자본주의 사회의 문제점을 해결하기 위해 어떻게 행동해야 하는가?

만약 맹목적으로 흘러가는 역사의 흐름을 좀 더 좋은 방향으로 전환시키려면, 우리는 현실을 해석할 수 있는 강력한 허구를 필요로 하는 것은 아닐까? 마르크스의 포이어바흐 명제는 우리에게 다시금 기존의 역사에 대해 의심을 품을 것을 권유한다.

"이제까지의 모든 사회의 역사
는 계급투쟁의 역사이다."

카를 마르크스, 《공산당 선언》

2.

왜 다수가 소수의 지배를 받는가

역사에 대한 의심은 우리를 현실로 이끌지만, 우리의 가혹한 현실은 다시금 역사의 의미를 진지하게 생각하게 만든다. 현실이 이해되지 않을 때, 현실이 우리의 삶에 기여하기보다는 걸림돌이 될 때 우리는 역사를 이야기한다.

한때 우리를 경악하게 한 20대 80의 사회는 이미 1대 99의 사회로 변한 지 오래다. 이 변화의 속도만큼이나 놀라움과 두려움도 빨리 증발한 것처럼 보인다. 자본주의가 설령 불평등을 야기할지라도 결국에는 모든 사람에게 이익이 되는 방식으로 작동할 것이라는 자본주의 신화가 여전히 우리를 마취시키기 때문일까? 다수의 사람들이 소수에 의해 지배받고 있으면서도 사람들은 분노하지 않는다.

다수가 연대하고 결집하면 엄청난 힘을 발휘할 수 있는데도 왜 다수는 항상 소수의 지배를 받는 것일까? 이 질문이 호기심을 자극한다면, 우리는 이미 역사적 탐정의 길을 떠난 것이다. 현대 정치는 다수의 의지를 대변하는 대의주의에 기반을 둔다는 민주주의 이상에 현혹될 필요는 없다. 역사상 다수가 소수를 지배한 적은 없었다. 소수가 항상 다수를 지배한다.

21세기에도 계급이 존재한다

7만 년 전 호모사피엔스가 다른 인간 종들을 멸종시키고 지구를 정복할 때까지 다수의 우세한 종은 네안데르탈인이었다. 네안데르탈인은 호모사피엔스보다 근육이 발달하고 뇌도 더 큰 것으로 알려졌다. 호모사피엔스가 훨씬 더 강건한 네안데르탈인을 멸종시키고 지구의 주인이 된 것은 무엇 때문일까? 호모사피엔스가 지구상의 유일한 인간 종이 된 이래 소수는 항상 다수를 지배해왔다. 어떻게 그럴 수 있는 것일까?

마르크스의 계급투쟁 역사관은 이런 질문에 답하고자 하는 시도이다. 1989년 베를린 장벽의 붕괴와 함께 현존 사회주의 체제가 해체되면서 사람들은 '사회주의'와 '공산주의' 개념을 골동품 창고에 아무렇게나 던져놓았다. 자본주의가 유일하게 가능한 경제체제로서 전 세계로 확산될수록 이 개념들 위에는 먼지만 쌓여갔다. 이런 상황에서 '계급' 또는 '계급투쟁'은 시대착오적인 말로 들릴 뿐이다. 현대 자본주의 사회에서 계급이라는 말은 오직 사회적으로 무해한 게임이나 트렌드로서나 가능할 뿐이다.

최근 SNS에서 자신이 속한 계층을 가늠하는 기준으로 떠도는 '수저계급론'에는 계급투쟁의 위험한 바이러스가 들어 있지 않다. 부유한 가정 출신을 "입에 은수저를 물고 태어나다(Born with a silver spoon in one's mouth)."라고 비유적으로 표현하는 영어 숙어에 빗대어 부모의 경제적 도움을 전혀 받지 못해 아무리 노력해도 계층 이동이 힘든 세대의 자조적 열패감만 느껴질 뿐이다. 왜 이들은 이렇게 살아야만 하는 것일까?

현실의 모순은 어쩔 수 없이 이를 극복할 수 있는 역사적 변혁의 주체에 대한 물음으로 이어진다. 마르크스를 언급하는 것 자체가 시대착오일 정도로 자본주의가 성숙한 21세기에도 계급과 계급적 모순은 존재한다. 마르크스라는 이름은 자본주의의 악령이다. 자본주의에 대한 가장 예리한 비판자인 마르크스가 사실은 자본주의가 스스로 궤도를 수정할 수 있도록 도와준 예언자이기 때문이다.

마르크스가 예측한 것처럼 자본주의가 내부적 모순에 의해 붕괴되지 않도록 끊임없이 자기 수정을 거듭했다면, 마르크스의 예언은 부정적 의미에서의 '자기 충족적 예언(self-fulfilling prophecy)'이라고 할 수 있다.[12] 자기모순으로 자본주의가 붕괴할 거라는 마르크스의 예언이 설령 틀렸다고 할지라도 너무나 강렬해서 이 예언이 실현되지 않는 방향으로 사람들이 행동하고 성취하도록 이끌었다면, 우리는 은연중 마르크스를 믿고 있는 것은 아닐까?

이처럼 현실의 모순이 두드러질수록 우리는 점점 더 마르크스는 이미 '짖지 않는 죽은 개'가 되었다는 자본주의자들의 선포에 의심을 갖게 된다. 마르크스는 여전히 살아 있는 것은 아닐까?

마르크스가 살아난다면 이 시대의 현실을 어떻게 바라볼지 상상해 본다. 객관적으로 '계급'은 존재하지만 사회적 실천으로 이어질 수 있는 '계급의식'은 없는 현실이 그에게도 낯설지는 않을 것이다. '이제까지의 모든 사회의 역사는 계급투쟁의 역사'라고 해서, 그가 발생하는 모든 일이 계급투쟁의 문제라고 주장하는 것은 결코 아니다.

남성과 여성 사이의 성적 불평등, 종교적 불관용, 고령화 사회의 세대 갈등이 모두 계급투쟁의 양상은 아니다. 현실적으로 보면 계급투쟁만큼 우리의 삶과 사회에 결정적으로 영향을 주는 수많은 다른 요소들이 있다. 새뮤얼 헌팅턴[13]이 이야기하는 문명 충돌의 원인인 전통적·문화적 차이일 수도 있고, 앤서니 기든스가 말하는 국가 간 갈등일 수도 있다.

마르크스가 이야기하는 계급투쟁은 역사를 장기간 고찰하면 그 근저에는 '본질적으로' 계급투쟁의 '경향'이 있다는 것을 의미한다. 사회가 아무리 고통스럽고 험난할지라도 우리는 대부분 계급투쟁을 의식하지 않으면서 살아간다. 사람들은 계급투쟁보다 훨씬 더 본질적으로 중요한 것이 있다고 생각할 수 있으며, 그것은 각각 다르다.

마찬가지로 어떤 사회와 시대에 지배적인 사상, 제도 및 사건 들은 언뜻 보기에는 계급투쟁과는 아무런 상관이 없는 것처럼 보인다. 역사를 만들고 싶은 사람은 모든 사건을 계급투쟁으로 몰고 가고 싶겠지만, 우리 삶의 모든 것이 계급투쟁인 것은 아니다. 한 역사적 단계에서 다음의 역사적 단계로 넘어가는 과정이 계급투쟁의 성격을 가질 뿐이다.

마르크스를 자본주의에 대한 독창적인 비판자로 만든 것은 '계급투쟁'의 역사관과 '생산양식'의 개념을 결합시킨 것이다. 우리의 삶과 생활 수단을 생산하는 양식은 시대마다 다르다. 생산양식은, 거칠게 정의하면, 특정한 생산력과 특정한 생산관계의 결합을 의미한다.

우리의 삶에 필요한 물질적 수단을 생산하기 위해 세상에서 노동하고 작업하는 도구가 '생산력'이라면, 이러한 생산을 위해 조직되고 운영되는 사회관계를 '생산관계'라고 부른다. 다큐멘터리 영화 〈워낭소리〉에서 산골의 노인 부부가 키우는 일소도 생산력이고, 미국의 대규모 농장에서 밭을 가는 트랙터도 생산력이다.

이러한 도구를 사용하는 사람의 노동력이 생산력이지만, 이러한 힘들이 가공되지 않은 채 '날 것 그대로' 존재하는 것은 아니다. 그것은 항상 사람들의 특정한 사회관계 속에 묶여 있다. 마르크스는 이 사회관계가 대체로 생산수단을 소유하거나 통제하는 계급과 이 생산수단에 의해 이용되는 계급으로 나뉜다고 본다.

인류의 역사가 증명하는 것처럼, 생산력은 끊임없이 발전해왔다. 현대의 컴퓨터 한 대만 있으면 고대 세계 최고의 지식 저장소였던 알렉산드리아 도서관의 정보와 지식을 처리할 수 있고, 현대 화물선 다섯 척이면 콜럼버스 시대에 세계의 모든 상선이 나른 모든 짐을 실을 수 있다고 한다.

1500년과 비교하면 인구는 열네 배로 늘었는데, 생산은 240배, 에너지 소비는 115배로 늘었다고 한다. 밤이 되면 생산 활동을 중단하던 중세의 농부나 장인과는 달리 현대인은 밤낮이나 계절을 거의 상관하지 않는다. 생산력은 이처럼 역사적으로 변화한다.

이러한 발전의 주체는, 그것이 어떤 계급이든 간에, 물질적 생산을 통제한다. 이러한 과정을 멀리서 지켜보면 생산력 발전이라는 역사 과정은 마치 생산력을 가장 많이 확장할 수 있는 능력을 가진 계급을 '선택'하는 것처럼 보인다. 자연의 진화 과정이 자신을 가장 잘 복제할 수 있는 유전자를 선택하는 것과 같은 이치다.

그런데 역사적 발전 과정에는 지배적인 생산관계가 생산력의 성장에 기여하기보다는 오히려 장애가 되는 시점이 있다. 이 시기에는 생산력과 생산관계가 모순으로 치닫고, 사회적 혁명의 기운이 싹트게 된다.

> 생산력 발전의 특정 단계에서 사회의 물질적 생산력은 기존의 생산관계, 또는 동일한 사태의 법적 표현에 불과한 소유관계와 모순에 빠진다. 생산력은 이제까지 이 관계 안에서 작용했다. 이러한 관계들은 생산력을 발전시키는 형식에서 오히려 그것을 구속하는 족쇄로 바뀐다. 그렇게 되면 사회적 혁명의 시대가 시작된다.[14]

역사를 바라보는 마르크스의 독창적 관점은 여기서 드러난다. 마르크스에 의하면 역사는 생산력의 발전 과정이긴 하지만 이 과정이 단순히 긍정적 진보의 이야기인 것만은 아니다. 마르크스는 진보의 뒷면을 들여다본다. 역사는 뒤집어놓고 바라보면 한 계급 사회에서 다른 계급 사회로 휘청거리며 나아간다.

역사가 발전하면 특정한 종류의 억압과 착취가 극복되기는 하지만 억압과 착취 자체가 사라지는 것은 아니다. 우리는 항상 새로운 종류의 억압과 착취와 마주한다. 인류 전체가 이런 억압과 착취로부터 해방되어 완전히 자유로울 수는 없는 것일까? 마르크스 혼자만, 그것도 최초로, 이런 사회적 이상을 꿈꾼 것은 아니다. 공산주의와 사회주의 이념은 마르크스의 발명품이 아니다.

우리 모두는 역사적으로 발전되고 축적된 사회적 부가 소수의 특정 계급만이 아니라 모두에게 이익이 될 수 있는 사회관계를 원한다. 이런 사회를 원하지 않는 사람도 있을까? 문제는 이런 사회를 실현하기 위한 사회적 부의 축적 과정이 늘 다수를 배제한다는 사실이다. 그 결실을 향유하는 사람은 소수인 것이다. 이런 점에서 공산주의 또는 사회주의로 불리는 사회적 이상의 실현은 항상 폭력과 착취를 수반한다. **그렇다면 역사를 발전시키는 것은 무엇인가?** 생산력의 진보인가, 아니면 착취와 폭력을 동반하는 계급투쟁인가?

역사의 과정이 결정되지 않았다면

우리는 현존 사회주의 체제의 붕괴와 함께 사회주의 이념마저 매장했다. 자본주의가 전 세계적으로 맹위를 떨칠수록 우리는 오로지 '생산력'만을 역사의 동력으로 인정하는 것처럼 보인다. 미래 사회를 건설할 수 있는 힘은 '차세대 성장 동력'으로 포장되고, 이렇게 포장된 현실 사회의 모순과 폭력은 간과된다.

사회의 극단적인 양극화에 내재된 착취와 폭력조차도 미래를 위해서는 어쩔 수 없이 용인해야 할 것으로 정당화된다. 만약 미래 사회가 정의로운 사회라면, 지금의 불의는 마치 내일의 정의를 위해 불가피한 것처럼 보인다. 이상적인 미래 사회를 어떻게 그리든, "목적은 수단과 상충한다."[15]

그 어떤 착취도 없다면 생산력의 상당한 팽창도 없다. 생산력이 확장되지 않는다면, 이상적인 미래 사회를 실현할 물질적 토대도 없다. 21세기의 자본주의는 이렇게 마르크스를 희화화시키면서 현실의 모순을 정당화하는 것처럼 보인다.

여기서 우리는 한 가지 결정적인 의심을 떨칠 수 없다. 마르크스가 예언한 것처럼, 고대 노예제, 중세 봉건제, 근대 자본주의를 거친 역사 과정이 미래에는 필연적으로 사회주의와 공산주의로 발전할 수밖에 없다면, 현재 우리가 겪는 고통과 폭력은 바람직한 미래 사회를 위해 바쳐야 할 희생으로 여겨질 수도 있다.

마르크스가 《공산당 선언(Communist Manifesto)》에서 확신에 찬 어조로 예견한 것처럼 자본가 계급의 붕괴와 노동자 계급의 승리가 역사적으로 불가피하다면, 우리는 이런 사회의 도래를 기다리기만 하면 되는 것이 아닌가. 역사적 결정론은 오히려 현재의 모순을 극복하려는 사회적 실천을 억제할 수 있다.

그런데 역사의 과정이 그렇게 결정된 것이 아니라면? 마르크스가 많은 사람이 비판하는 것처럼 역사적 결정론자가 아니라면? 마르크스가 역사적 과정을 통해 축적된 생산력이 모든 사람에게 이익이 되는 방향으로 활용된다면 실현될 수 있는 사회를 공산주의의 유토피아로 그린 것은 틀림없다. 공산주의는 생산력과 생산관계가 조화를 이룰 때만 실현될 수 있는 미래 사회다.

> 노동의 분업이 이루어지자마자 곧 모든 사람은 하나의 특수하고 배타적인 활동 영역을 갖는다. 그는 자신에게 강요된 이 영역으로부터 벗어날 수 없다. 그는 사냥꾼, 어부, 목동이거나 비판적인 비평가이다. 생활 수단을 잃기를 원치 않는다면 그는 그래야만 한다. 어느 누구도 배타적인 활동 영역을 갖고 있는 것이 아니라 원하는 분야에서 일을 완수할 수 있는 공산주의 사회에서는 사회가 일반적인 생산을 규제한다. 그래서 사회는 내가 오늘은 이 일을 하고 내일은 다른 일을 하는 것을 가능하게 하고, 그래서 내가 사냥꾼, 어부, 목동 또는 비평가가 되지 않고서도 단지 마음 가는 대로 아침에는 사냥하고, 오후에는 낚시를 하고, 저녁에는 가축을 돌보고, 저녁 식사 후에는 비평을 할 수 있게 된다.[16]

이런 꿈을 꾸지 않는 사람이 거의 없다면, 마르크스가 그리는 공산주의 사회는 역사적 운동의 이상적 방향을 지시할 뿐이다. 마르크스 자신이 이런 사회를 이루기 위해 필수적인 생산력과 생산관계의 조화에 관해 구체적인 대안을 제시하지 않는다면, 마르크스 역사 이론의 핵심은 여전히 생산력과 생산관계의 모순이다.

그렇다면 누가 역사를 만드는가

우리는 사실 생산력의 발전이 어떤 사회관계를 가져올지 모른다. 생산력의 발전은 계급투쟁의 요소를 강화할 수도 있지만 동시에 새로운 형태의 억압과 착취의 기술을 발전시킴으로써 계급투쟁의 기반을 약화시킬 수도 있다. 생산력이 발전하면 노동자들은 더 많은 지식과 숙련 기술을 갖추고, 더 좋은 교육을 받고, 그만큼 더 자신감을 갖고 스스로를 조직하고 의식화할 수도 있다.

그렇지만 이들의 관심을 사회적 실천에서 다른 곳으로 돌릴 수 있는 기제도 동시에 발달한다. 사람들은 시장의 유행에 더 민감해지고, 정보가 범람할수록 여론을 조작하는 매체도 발달하며, 감시 카메라 같은 통제 시스템도 정교해진다. 사회는 경제적으로 성장하는데 실업자는 늘어나고, 높은 실업률에도 불구하고 잘 통제되고 있는 우리 사회의 모습이 이를 방증한다.

중세의 봉건사회가 근대 부르주아가 탄생할 수 있는 조건을 창조했다는 사실을 안다고 하더라도, 우리는 지금의 사회적 모순이 어떤 사회관계를 창조할지는 알지 못한다. 역사적 운동의 방향을 제시한 공산주의 이념이 아무리 수사학적으로 강렬하더라도, 마르크스는 근본적으로 역사적 결정론자가 아니다.

이제까지의 역사가 계급투쟁의 역사라는 사실을 부인할 수 없지만, 우리는 지금 물밑에서 이루어지고 있는 계급투쟁의 결과를 예측할 수 없다. **그럼 누가 역사를 만드는가?**

역사는 아무 일도 하지 않는다. 역사는 엄청난 부를 소유하지도 않고, 어떤 전쟁도 벌이지 않는다. 이 모든 것을 행하고, 소유하고, 싸우는 것은 사람이다, 실제로 살아 있는 사람이다. 역사는 이를테면 사람과 떨어져 있는 것이 아니다. 그래서 사람을 자신의 고유한 목표를 성취하기 위한 수단으로 이용하는 것이 아니다. 역사는 자신의 목표를 추구하는 사람의 활동에 지나지 않는다.[17]

우리의 삶의 목표는 과연 무엇인가? 우리는 어떤 사회에서 살고 싶은가? 마르크스가 역사에 그토록 집착한 이유는 바로 이런 물음 때문이 아니었을까? 아무런 목표도 없이 무서운 속도로 질주하는 것같이 보이는 현대사회의 변화는 우리에게 그 어떤 역사의식도 허용하지 않는 것처럼 보인다. 내일 어떤 사회가 펼쳐질지 불확실한 사회에서 과거의 역사를 들추어보는 것도 사치처럼 여겨진다. 오늘 우리에게는 오로지 지금 그리고 여기의 현실만이 중요하다고 생각하는 '현재의 강박증'이 만연하고 있다. 과거와 내일이 없을 때 현재의 자본주의가 영원히 지속될 수 있기 때문이다.

역사의 종언을 공공연히 선포한 것은 마르크스가 아니라 자본주의 사회의 신자유주의자들이다. 그들은 공산주의가 도래하지 않으려면 현재의 자본주의가 역사의 끝이어야 한다고 주장한다. 이런 주장이 현실의 모순을 은폐하기 위한 것이라는 혐의가 짙기는 하지만, 역사가 결정된 것은 아니라는 사실만은 받아들이기로 하자. 미래를 예측하기에는 우리의 현실이 너무나 복잡하다는 사실도 인정하자. 그렇다면 우리는 우리의 현실을 있는 그대로 직시해야 한다. 우리의 현실은 어느 시대나 항상 폭력과 갈등, 분열과 단절의 자국으로 얼룩져 있다는 것이 마르크스가 우리에게 들려주는 역사 이야기다. 마르크스를 끊임없이 불러내는 것은 바로 이런 사회적 모순이 아닐까?

2장

니체, 신을 의심하다

"신은 죽었다."

프리드리히 니체,《즐거운 학문》

1.

허무주의는 어떻게 생기는가

빈센트 반 고흐가 그린 낡은 신발처럼 오랜 세월의 무게가 느껴지는 진부하기 짝이 없는 낱말이 있다. 신(神)이다. 신이라는 이름에서 신성함과 경건함이 증발해버린 지 이미 오래여서 이 말을 들으면 진부하게 느낄 정도이다.

헌신짝 버리듯 아무 거리낌 없이 신이라는 낱말을 뇌까린다는 말에 발끈하고 성을 낼 신자들이 여전히 많다는 것을 모르는 바는 아니다. 굳이 힌두교를 들먹이지 않더라도 세상에는 신자 수만큼 많은 신이 존재하고, 그럴수록 신의 기운은 역설적으로 약화된다. 영성적 가치마저 상품화될 정도로 철저하게 세속화된 시대에 신이라는 말은 참으로 낯설게 들린다.

지구가 돈다는 과학적 인식이 널리 퍼지고 나서부터 신의 자리가 좁아진 것처럼, 신이 없어도 세상은 역시 돌아간다. 그렇다면 걸리지 않는다는 확신이 있어도, 사람들은 은행을 털 생각을 하지 않을까? 아무도 우리를 지켜보지 않는다고 확신해도, 우리는 여전히 도덕적으로 행동할까?

니체, '신은 죽었다'는 부고를 내다

플라톤은 《국가》 2권에서 사람을 투명하게 만드는 마법의 '기게스의 반지'를 언급한다. 이 반지를 끼면 불의를 저질러도 잡혀서 처벌받지 않을 수 있는데, 사람들은 이 반지를 끼고서도 여전히 윤리적 삶을 추구할까? 설령 다른 사람들은 보지 못하더라도 우리를 지켜보는 초월적 시선이 있다고 느끼는 것일까?

따지고 보면 세상사에는 확실한 것이 그렇게 많지 않다. 내 아내가 충실한지 어떻게 알겠는가? 아내의 자식이 내 자식이라는 것을 어떻게 믿는가? 그렇지만 매일매일 감시 카메라를 들여다보거나 유전자 검사를 통해 증거를 확보하지 않고서도 우리는 '믿으면서' 살아간다. 하물며 신이 존재하는지, 존재하지 않는지를 우리가 어떻게 알 수 있단 말인가.

여기서 우리는 강렬한 의심이 든다. 신의 존재가 확실하지 않을 뿐만 아니라 설령 신이 존재한다고 하더라도 그것을 증명할 길이 없는데, 프리드리히 니체(Friedrich W. Nietzsche, 1844~1900)는 왜 "신은 죽었다."라는 부고를 낸 것일까?

사람들은 교회를 갈 때도 먼저 아이쇼핑을 한다. 자기 모습을 드러낼 패션을 찾는 것처럼 자기를 위장하고 기만적 영성을 찾는다. 신이라는 이름으로 군림하는 최고의 가치가 탈가치화된 시대에 다양한 가치는 서로 갈등하고 경쟁한다. 다양한 가치를 하나로 묶어줄 문화는 퇴락하고, 도덕과 윤리는 타락한다.

병, 퇴락, 분열, 타락과 연결된 허무주의는 이미 일상화되고 평범해진 지 오래다. '허무주의의 평범화'[1]가 이미 우리 사회의 일상이고 이 시대의 기호인데도, 이 시대를 불편해하는 사람들은 모두 니체에게 혐의를 둔다. 마치 니체가 '신의 죽음'을 선포했기 때문에 허무주의가 도래한 것처럼, 사람들은 니체를 데카당스(décadence, 퇴폐주의)의 철학자로 비난한다.

우리의 의심은 더욱 깊어간다. 왜 니체는 신의 죽음을 선포하여 쓸데없는 비난을 자초한 것일까? 니체가 죽인 신은 도대체 어떤 신인가? 사실 신의 죽음을 처음으로 이야기한 것은 니체가 아니다.

헤겔은 이미 1803년 《신앙과 지식(Glauben und Wissen)》에서 "새로운 시대의 종교의 토대가 되는 것은 신 자체가 죽었다는 감정이다."[2]라고 말한다. 도스토옙스키도 《카라마조프가의 형제들》에서 "만약 신이 존재하지 않는다면 모든 것이 허용된다."라고 말함으로써 허무주의 시대의 도덕적 문제를 예고한다. 니체는 당대에 만연한 분위기를 도전적 언어로 표현했을 뿐이다.

니체는 사실 허무주의의 도래를 두려워했다. 니체는 허무주의를 '가장 무시무시한 손님'으로 묘사한다. "허무주의가 문 앞에 서 있다. 모든 손님 중에서 가장 무시무시한 이 손님은 어디에서 우리에게 온 것인가?"[3] 니체에게 허무주의는 단순한 공허함의 심리적 상태도 아니고, 도덕적 타락의 현상을 의미하지도 않는다. 니체는 사회적 궁핍이나 생리적 퇴화 또는 부패를 허무주의의 원인으로 지목하는 것은 일종의 오류라고 지적한다.

사람들은 통상 퇴화·부패·타락이 허무주의를 산출한다고 생각하지만, 니체는 전복의 철학자답게 거꾸로 생각한다. 육체적으로나 정신적으로 빈곤한 상태에서는 결코 허무주의가 생기지 않는다. **그렇다면 허무주의는 도대체 어디에서 기인한 것인가?** 허무주의의 기원과 역사, 이것이 바로 니체의 물음이다. 니체의 관점에서 보면 신의 죽음은 허무주의의 원인이 아니라 오히려 결과이다. 니체를 진지하게 받아들인다는 것은 허무주의의 원인을 천착한다는 것을 의미한다.

그러나 허무주의가 일상화되면서 니체는 이미 조소와 패러디의 대상이 되었다. 우리는 곳곳에 쓰인 벽 낙서에서 신의 죽음에 대한 대답을 발견한다. "니체가 말했다. '신은 죽었다.' 신이 말했다. '니체는 죽었다.'" 이 아이러니는 19세기 니체라는 이름의 한 철학자가 신의 죽음을 선포하든 말든 신에게는 아무런 문제가 되지 않는다는 것을 표현한다. 허무주의가 당연한 것으로 여겨지는 것만큼 니체의 이름도 잊혀간다.

신의 죽음은 무엇을 의미하는가

니체의 철학적 의도를 올바로 이해하려면, 신의 죽음이라는 사건을 다시 한 번 생생하게 떠올릴 필요가 있다. 니체는 《즐거운 학문》 3부 잠언 125에서 광인의 입을 빌려 신의 죽음을 알린다. 이 현대의 드라마는 모두 4막으로 진행된다.

(1) 그대들은 밝은 대낮에 등불을 켜고 시장을 달려가며 끊임없이 "나는 신을 찾고 있노라! 나는 신을 찾고 있노라!"라고 외치는 광인에 대해 들어본 적이 있는가? 그곳에는 신을 믿지 않는 많은 사람이 모여 있었기 때문에 그는 큰 웃음거리가 되었다.

(2) 광인은 그들 한가운데로 뛰어들어 꿰뚫는 듯한 눈길로 그들을 바라보며 소리쳤다. "신이 어디로 갔느냐고? 너희에게 그것을 말해주겠노라! 우리가 신을 죽였다. 너희와 내가! 우리 모두가 신을 죽인 살인자다!"

(3) 신은 죽었다! 신은 죽어버렸다! 우리가 신을 죽인 것이다! 살인자 중의 살인자인 우리는 이제 어디에서 위로를 얻을 것인가? 지금까지 세계에 존재한 가장 성스럽고 강력한 자가 지금 우리의 칼을 맞고 피를 흘리고 있다. 누가 우리에게서 이 피를 씻어줄 것인가? 어떤 물로 우리를 정화시킬 것인가? 어떤 속죄의 제의와 성스러운 제전을 고안해내야 할 것인가? 이 행위의 위대성이 우리가 감당하기에는 너무 컸던 것이 아닐까? 그런 행위를 할 자격이 있으려면 우리 스스로가 신이 되어야 하는 것이 아닐까?

(4) 마침내 그는 등불을 땅바닥에 내던졌다. 등불은 산산조각이 나고 불은 꺼져버렸다. 그가 말했다. "나는 너무 일찍 세상에 나왔다. 나의 때는 아직 오지 않았다. 이 엄청난 사건은 아직도 진행 중이며 방황 중이다. 이 시간은 아직 사람들의 귀에 들어가지 못했다. 천둥과 번개는 시간이 필요하다. 별빛은 시간이 필요하다. 행위는 그것이 행해진 후에도 보고

듣게 되기까지 시간이 필요하다."⁴⁾

신을 믿지 않는 사람들 가운데서 신을 찾는다는 것은 미친 짓이다. 여기서 광인은 바로 니체다. 니체는 등불을 들고 신을 찾다가 세상 사람들의 이해를 받지 못하자 등불을 내동댕이친다. 시장의 세상 사람들은 허무주의의 기원과 본질을 아직 깨닫지 못하고 있는 것이다.

신이 죽었다는 것은 도대체 무엇을 의미하는가? 신이 더 이상 존재하지 않는다는 것은 인간이 자신을 이해할 수 있는 중심이 사라졌다는 것을 의미한다. 인간이 왜 존재하는지, 인간 존재의 의미는 무엇인지에 대한 대답이 사라졌다는 것을 뜻한다.

만약 우리가 오늘날 이런 질문조차 던지지 않거나 번거롭게 생각한다면, 허무주의는 이미 우리의 삶 속 깊숙이 스며들어 온 것이다. 사람들은 신을 조소한다. "신을 잃어버렸는가? 신이 아이처럼 길을 잃었는가? 신이 숨어버렸는가? 이민을 떠났는가?"⁵⁾ 신은 우리에게 더 이상 문제가 아닌 것이다.

신이 문제가 아니라면 우리의 존재 의미도 더 이상 중요한 것이 아니다. 니체는 이렇게 묻는다. "우리는 어디를 향해 가고 있는 것일까?" 니체의 사상이 허무주의를 야기한 것이 아니다. 인간이 스스로를 이해하고 자신의 존재에 의미를 부여할 수 있는 중심을 상실한 이 '허무주의 시대'가 니체를 호명한 것이다.

1844년 10월 15일 작센 지방의 조그만 마을 뢰켄에서 목사의 아들로 태어나 기독교적 분위기에서 성장한 니체는 신의 죽음을 선포한다. 왜 기독교의 아들인 니체는 기독교를 그렇게 철저하게 부정하게 된 것일까? 니체의 성장 과정에 관한 그 어떤 심리학적 설명도 그의 과격함을 약화시키지 못한다.

> 나는 그리스도교에 유죄판결을 내리며, 그리스도교 교회를 가장 혹독하게 탄핵한다. 그 어떤 고소인이 입에 담았던 탄핵보다도 혹독하게. 내가 보기에 그리스도교 교회는 인간이 생각할 수 있는 부패 중 최고의 부패이며, 궁극적이지만 실제로도 가능한 부패에의 의지를 가졌다. 그리스도교 교회가 부패의 손길을 대지 않은 것은 아무것도 없으며, 모든 가치를 무가치로, 모든 진리를 하나의 거짓으로, 모든 정직성을 영혼의 비열성으로 만들어버렸다.[6]

기독교에 대한 니체의 비판보다 더 가혹한 것은 없다. 기독교는 '부패 중 최고의 부패'다. 한때는 최고의 가치로서 삶에 기여한 기독교가 삶을 증진시키기보다는 오히려 부패시킨다는 것이다. 기독교는 가치를 무가치로, 진리를 거짓으로, 정직을 비열함으로 만드는 부패의 원인이라는 것이다.

기독교는 사람들의 신앙을 영원히 유지하기 위해 항상 구체적 현실 속의 궁핍과 위기의 비상사태를 만들어낸다. 죄를 지어야 기도를 하고, 고통을 주어야 구원을 소망한다. 현실의 삶을 지옥으로 그려야 사람들은 천국을 기원하기 마련이다. 많은 사람은 허무주의가 기독교의 토대를 허물고 있다고 생각하지만, 니체는 기독교가 바로 허무주의의 기원이라고 단언한다.

신을 죽인 것은 인간이다

여기서 우리는 니체가 신의 죽음을 선포한 무대장치를 다시 한 번 살펴볼 필요가 있다. 첫째, 신의 죽음을 선포한 사람은 정상적인 보통 사람이 아니라 광인이다. 간단히 말해 '미친 사람'이다. 미쳤다는 것은 두 갈래로 읽을 수 있다. 신의 존재를 믿지 않는 무신론자들 가운데서 신을 찾는다는 것은 미친 짓이다. 그렇지만 무신론과 허무주의가 일상화된 현실에서 "예수 천국, 불신 지옥."을 외치는 광신 역시 미친 짓이다. 우리는 의문을 갖는다. 신 자체가 웃음거리가 된 현실에서 신은 도대체 어떤 의미를 갖고 있는가?

둘째, 이 드라마의 반전은 신의 죽음이 타살이라는 인식이다. '데이키데(deicide)'. 두 가지 의문이 자연스럽게 제기된다. 신을 죽였다면, 신은 생명을 가진 인격체란 말인가? 니체는 신의 존재 의미를 '대양'·'지평선'·'태양'과 같은 비유로 설명한다. 생명의 근원인 대양도 말라버리고, 인식의 가능성인 지평선도 지워지고, 삶의 중심인 태양도 멀어져갔다는 뜻인가?

이렇게 이해한다고 해도 두 번째 의문은 쉽게 지워지지 않는다. **왜 신을 죽인 것이 우리인가?** 삶을 위해 신이라는 허구를 창조한 것이 인간이라면, 신의 명령인 '진리에의 의지'가 이 허구를 산산조각 낸 것은 아닐까? 연약하고 무상한 인간의 삶에 의미를 부여한 것이 '세계에서 가장 신성하고 강력한 존재'인 신이라면, 신의 죽음은 결국 인간의 죽음으로 이어질 수도 있다는 끔찍한 불안감이 엄습한다. 신이 죽은 시대를 살아내려면 우리 스스로가 신이 되어야 하기 때문이다. '신의 죽음(deicide)'은 곧 '인간의 죽음(homicide)'이다.

셋째, 신의 죽음을 전달한 광인은 등불을 들고 나타났다가 등불을 내던진다. 등불은 계몽을 상징한다. 신이 인간에게 부여한 '자연스러운 이성의 빛(lumen naturalis rationis)'이 등불이다. 무지와 미신의 어둠을 밝혀주고 종교적 맹신에서 벗어나 인간이 주체적으로 사고하고 판단하며 운명을 개척해 나가도록 한 것이 이성의 빛이다. 신을 죽인 것은 바로 이러한 인간의 이성이다.

그런데 사람들은 신의 죽음이 어떤 결과를 초래할지 두려워하지 않는다. 인간이 만든 인공지능 프로그램 알파고(AlphaGo)에 져도 결국은 인간이 이긴 것이라고 착각하며 걱정도 하지 않는다. 인간을 종교적 광신으로부터 해방시켜준 '계몽'이 인간을 신의 위치로 절대화시켜 결국은 인간에 대한 광신을 초래할 수도 있다는 예감을 한 것 같다. 이러한 계몽을 계몽시키고 싶지만 듣는 사람이 없다. 너무 빨리 세상에 나왔으니 등불을 땅바닥에 내던질 수밖에 없는 것이다.

우리는 어디를 향해 가고 있나

니체가 예고한 신의 죽음과 허무주의는 '방향 상실'을 의미한다. 그가 제기하고 있는 질문을 곱씹어본다. "이제 지구는 어디를 향해 가고 있는 것일까? 우리는 어디를 향해 가고 있는 것일까?" 니체 사후 100 여 년이 지났지만 여전히 풀리지 않는 이 문제를 해결하기 위해 니체의 광인을 불러 세워 대화를 청해본다.

의심하는 자: 니체 선생님, 선생님께서는 "신은 죽었다.'고 말씀하셨습니다. 사람들이 처음에는 이 말에 충격을 받았지만 지금은 신경도 쓰지 않습니다. 무슨 뜻으로 말씀하신 건가요?

니체: 시장의 대부분의 사람들에게는 헛소리로 들릴 거예요. 그렇지만 어느 시대나 이 드라마를 꿰뚫어보는 강력한 시각과 예민한 의혹을 가진 소수의 사람들이 있게 마련입니다. 그들은 하나의 태양이 지고 있으며, 오래된 깊은 신뢰가 의심으로 바뀌고 있음을 느끼고 있습니다. 그들에겐 우리의 낡은 세계가 매일 황혼에 더 물들어가고, 더 믿을 수 없어지고, 더 낯설어지고, '더 낡아가고' 있는 것으로 보입니다.

의심하는 자: 그렇게 예리한 통찰력을 갖지 못한 다수의 보통 사람들에겐 어떤 의미가 있나요?

니체: 이 사건 자체는 너무 거대하고, 너무 멀고, 많은 사람의 파악 능력을 벗어나 있습니다. 이 소식이 도착했다고 말하기도 어려울 정도입니다. 하물며 이 사건을 통해 일어나고 있을 일을 알 수는 없는 노릇입니다. 이 신앙의 기초가 무너진 이후 이제 모든 것이 붕괴될 수밖에 없다는 것을 많은 사람은 결코 알지 못합니다.

의심하는 자: 니체 선생님께서 말씀하시는 신앙은 무엇과 관련이 있나요?

니체: 유럽의 도덕 전체입니다.

의심하는 자: 선생님 말씀에 의하면 유럽의 도덕 전체가 신에 대한 신앙에 기초하고 있다는 것이군요. 그렇다면 신의 죽음이라는 사건은 어떤 결과를 초래할까요?

니체: 이 사건이 우리에게 미치는 직접적인 결과는 사람들의 기대처럼 비극적이고 우울한 것은 아닙니다. 오히려 그 반대로 새롭고 표현하기 어

려운 빛, 행복, 안도감, 유쾌함, 격려, 아침놀로 느껴집니다.

의심하는 자: 선생님은 신의 죽음을 긍정적으로 받아들이시는군요. 그러니까 광인 취급을 받으시지요.

니체: 자유로운 정신을 갖고 있는 우리 철학자들은 '늙은 신이 죽었다'는 소식에서 새로운 아침놀이 비치는 듯한 느낌을 받고 있습니다.

의심하는 자: 그렇지만 새로운 지평에는 항상 새로운 위험이 도사리고 있지 않은가요? 이 새로운 지평은 다시 닫힐 수도 있지 않을까요?

니체: 아무튼 우리에게 비록 밝지는 않을지라도 수평선이 다시 열린 것입니다. 마침내 우리의 배가 다시 출항할 수 있게, 모든 위험을 향해 출항할 수 있게 된 것입니다. 인식의 모든 모험이 다시 허락되었습니다. 바다가, 우리의 바다가 다시 열렸습니다. 그렇게 열린 바다는 일찍이 한 번도 존재한 적이 없었을 것입니다.[7]

신의 죽음을 일종의 해방으로 느끼는 니체는 미친 사람임이 틀림없다. 그는 여전히 신의 죽음을 긍정적 사건이기는커녕 사건으로조차 인식하지 않는 사람들에 둘러싸여 있기 때문에 더욱 그렇다. 의심하는 자의 눈이 더 깊은 의심으로 커지자 미친 사람은 자리를 뜬다. 그가 새로운 신을 찾아 열린 바다로 떠났는지는 모를 일이지만, 그가 예언한 열린 바다가 궁금해진다.

"근본적으로 오직 도덕적 신만
이 극복되었다. '선악의 저편'
에 있는 신을 생각하는 것이
의미 있는 일인가?"

프리드리히 니체,《유고(1885년 가을~1887년 가을)》

2.

인간에게 신이 필요한가

'신의 죽음'이 선포된 이래 신을 믿는 것이 어려워진 것은 사실이다. 하지만 여전히 많은 사람은 신을 믿는다. 나는 그들이 도대체 어떤 신을 믿는지 궁금하지만 괜한 싸움에 휘말릴까 봐 모른 체한다.

니체가 말하는 '신의 죽음'이 최고 가치의 부재와 무력화를 의미한다고 이해하더라도, 그것은 "신은 진리이며 또 진리는 신성한 것"[8]이라고 믿었던 기독교에만 해당하지 않는가. 기독교적 가치가 자본주의의 세계화 물결과 함께 점차 세속화되고, 과학과 기술의 발전이 종교의 토대를 아무리 침식한다고 하더라도, 사람들은 여전히 신을 믿는다.

신을 진실로 믿는 사람은 신을 믿지 않는 사람과는 '다르게' 살아간다. 여기서 '다르게(different)'가 반드시 '더 낫게(better)'를 의미할 필요는 없다. 그것이 신이 없는 시대의 징표이다.

신이 죽은 시대의 종교는 가능한가

물론 사람들의 삶이 한결같은 것은 아니다. 신의 존재를 철저하게 부정하는 무신론자들은 자신의 삶을 합리적으로 운영한다고 생각하지만, 그들에게도 마치 '신'이 존재하는 것 같은 경험을 하는 순간이 없지는 않다. 신의 존재를 믿는 신앙인들은 자신의 믿음을 의심조차 하지 않지만, 우리는 그들이 많은 시간을 마치 신이 없는 것처럼 살아가는 모습을 어렵지 않게 목격한다.

신앙과 종교에서 문제가 되는 것은 사실 신이 아니라 우리의 삶이다. 우리의 삶에 영향을 주지 않는다면, 신이 다 무슨 소용인가? 니체의 언어로 표현하자면, 우리의 삶을 강화하는 신만이 정당화된다. 니체가 삶을 위해 신을 죽였다면, 우리는 삶의 관점에서 신을 조명해야한다.

> 기독교는 처음부터, 본질적으로 그리고 근본적으로 삶에 대한 삶의 구토와 권태였다. 이것은 '다른' 혹은 '더 나은' 삶에 대한 믿음으로 단지 위장되고, 은폐되고, 치장되었을 뿐이다. '세계'에 대한 증오, 감정에 대한 저주, 아름다움과 감성에 대한 두려움은 현세를 보다 잘 비방하기 위해 내세를 만들어냈는데, 그것은 근본적으로 허무에 대한 열망이다.[9]

오늘날의 허무주의는 사실 '다른 삶', '더 좋은 삶', 즉 구원받은 삶을 약속한 기독교적 이상이 초래한 것이다. 우리는 T. S. 엘리엇이 묘사한 것처럼 "강의 천막은 찢어지고, 마지막 잎새의 손가락들이 젖은

둑을 움켜쥐며 가라앉고, 바람은 소리 없이 갈색 땅을 가로지르는 님 프들이 떠난" 황무지를 떠나 다른 이상향을 찾으려 하는가?

우리의 내면에서 "죽은 땅에서 라일락을 키워내고, 추억과 욕정을 뒤섞고, 봄비로 잠든 뿌리를 깨우는" 우리의 감정을 혐오하고 저주하는가? 진리를 추구한다는 명분으로 우리의 삶을 아름답게 만드는 가상과 감성을 두려워하는가?

니체에게는 '현 세계', '감정', '아름다움'이 바로 우리의 삶이다. 그런데 기독교적 도덕이 우리의 삶을 강화하는 이 세상과 감정, 그리고 아름다움을 증오하고 비방한다면, 기독교적 신은 "삶의 부정에의 의지"[10]의 표현에 다름 아니다.

한때는 삶에 기여했던 기독교적 도덕이 왜 삶을 부정하게 된 것일까? 니체는 신의 죽음을 초래한 허무주의의 역사를 철저하게 캐묻는다. 오늘날 철저한 무신론자이고 싶은 사람은 결코 니체를 비켜갈 수 없다. 그는 니체가 명료하고 예리하게 그 극단까지 캐물은 허무주의의 필연적 결과를 수용해야만 한다. 어정쩡한 무신론자와 허무주의자가 파티에서 냉소적 유머로 재치 있게 보일지는 모르지만 그들의 삶에는 아무런 영향을 미치지 않을 것이다.

이와는 정반대로 철저하게 세속화된 현대사회에서 신을 믿는다면, 그는 그의 독실한 신심을 니체의 허무주의 사상 앞에서 검증받아야 할 것이다. 니체라는 이름은 여전히 커다란 의문부호이기 때문이다. **'우리는 현대사회에서도 종교적일 수 있는가?' '신이 죽은 시대의 종교는 가능한가?'**

과학과 기술의 시대인 21세기에 종교는 일종의 '망상(妄想, delusion)'으로 폭로된다. 우리가 살고 있는 이 세계와 모든 생명체를 만든 초자연적 창조주는 존재하지 않으며, 종교적 신앙은 말 그대로 이치에 맞지 않는 믿음에 불과하다는 것이다.

신이 우리를 만든 것이 아니라 오히려 신이 만들어진 것이라고 주장하는 진화론자 리처드 도킨스(Richard Dawkins, 1941~)가 그야말로 대세다.[11] 종교는 기껏해야 갈등의 근원이고, 근거 없는 믿음을 정당화하는 제도일 뿐이다. 우리의 삶을 이끌어갈 도덕적 가치의 토대는 이성과 진리이지 종교는 아니라고 단언한다.

진화론자 도킨스의 종교 비판은 죽음 이후의 세계를 약속하는 내세관을 겨냥한다. 니체도 차라투스트라의 입을 빌려 이 세계 저편의 다른 세계를 신봉하는 사람들을 비판하며 이렇게 말한다.

> 일찍이 차라투스트라도 이 세계 저편의 또 다른 세계를 신봉하고 있는 모든 자처럼 인간 저편의 세계에 대한 망상에 사로잡혀 있었다. 그때 이 세계는 고뇌와 가책으로 괴로워하는 신의 작품으로 보였다.[12]

종교는 항상 신의 이름으로 고통스러운 '현세'와 구원받은 '내세'를 구분한다. 종교가 지배적인 사회의 "곳곳에는 죽음을 설교하는 자들의 목소리가 울려 퍼지고 있다."[13] 니체에 의하면 종교인은 죽음을 설교하는 자들이다.

진화론자 리처드 도킨스

리처드 도킨스는 이 점에 주목한다. 2001년 9월 15일 〈가디언(The Guardian)〉지에 기고한 〈종교의 오도된 미사일(Religion's misguided missiles)〉[14]에서 그는 죽음 이후의 구원받은 삶을 미끼로 젊은이들을 테러리스트로 만드는 종교를 신랄하게 비판한다. 그는 죽음이 끝이 아니라고 주장하는 종교의 허튼소리는 매우 위험하다고 말한다.

죽음 이후에 더 좋은 삶이 기다리고 있다면, 사후에 이루어질 구원의 약속을 받은 젊은이들은 재앙을 야기할 어떤 짓도 불사할 것임이 틀림없다. 만약 죽음이 마지막이라면, 합리적인 행위자는 자신의 삶을 높이 평가할 것이라고 기대할 수 있다. '죽음 이전의 의미 있는 삶'을 중시한다면, 그는 사후의 삶을 약속하는 그 어떤 종교적 유혹에도 자신의 생명을 쉽게 걸지는 못할 것이다.

신이 하나의 망상으로 폭로된 오늘날, 신을 증명하는 것은 정말 부질없는 일이 되어버렸다. 신을 당연한 것으로 받아들인 시대에는 신의 뜻을 인식하고자 했지만, 신의 존재가 의심스러워지자 사람들은 신을 변호하고 정당화하고자 했다. 그러나 과학과 기술의 시대는 변신론(辯神論, theodicy)마저 허용하지 않는다.

니체는 단언한다. "나는 무신론을 결코 결과라고는 이해하지 않는다. 사건으로서는 더더욱 아니다. 무신론은 내게 본능적으로 자명한 것이다."[15] 신을 믿는다는 것은 생각을 하지 않는다는 것을 의미하기 때문이다.

여기서 우리는 '이론적 무신론'과 '실천적 무신론'을 구별할 필요가 있다. 과학과 기술 시대에 이론적 무신론은 당연한 것으로 여겨진다. 이성과 합리성의 이유로 신을 믿지 않는 사람들에게 신이 그들의 삶에 영향을 줄 리 없다. 그렇다면 신은 완전히 의미가 없는 것인가?

니체가 우리는 오직 도덕적 신만을 극복했을 뿐이라고 주장한다면, 도덕적 신 이외의 다른 신은 가능한 것인가? 니체가 말하는 것처럼 "선악의 저편에 있는 신"[16]을 생각하는 것은 의미 있는 일인가? 우리는 '죽음 이전의 삶'을 의미 있게 살기 위해 여전히 신을 필요로 하는 것은 아닌가? **만약 그렇다면 어떤 신을 필요로 하는가?** 신의 죽음을 선포한 니체의 철학은 바로 이 물음에 대한 대답의 시도라고 해도 과언이 아니다.

니체의 무신론은 '신의 죽음'이라는 간단명료한 명제에도 불구하고 간단하지 않다. 니체라는 이름을 들으면 오히려 종교 또는 종교적 삶을 살리기 위해─거짓된─신을 죽였다는 혐의가 짙다. "신이 없는 종교"[17]는 가능한가? 또는 신학자 카를 라너(Karl Rahner, 1904~1984)가 말하는 것처럼 "신에 대한 존경심에 기인한 무신론"[18]도 가능한가?

본인들은 매우 신앙심이 깊고 신실하다고 생각하지만 정작 그 삶은 번잡해서 신앙이 피상적이기 짝이 없는 이들의 종교적 수다에 거부감을 느끼는 사람들이 있다. 극장과 공연장을 연상시키는 대형 교회의 소동과 혼잡을 상상해보라. 자신의 종교적 신념과는 대립하는 이런 종교적 소란을 거부하여 '신에 대한 존경심'에서 마치 신이 없는 것처럼 살아가는 사람들의 태도가 바로 "신에 대한 존경심에 기인한 무신론"이다. 이들에게 신은 존재하지만, 피상적인 선악의 이원론으로 삶을 단죄하는 교회의 신은 존재하지 않는다.

세계를 구원하기 위해 신을 죽이다

니체는 기독교의 도덕적 신을 거부하고, 허무주의 시대에 삶을 증진시킬 수 있는 새로운 신을 창조한다. 니체는 "춤을 출 줄 아는 신만을 믿으려고"[19] 한다. 니체는 신 자체를 부정하지 않는다. 단지, 우리가 살고 있는 이 세상을 거부하고 삶을 파괴하는 기독교적 신만을 부정하는 것이다. 그렇다면 우리는 어떻게 새로운 신을 창조할 수 있는가? 니체에게 물어본다.

의심하는 자: 니체 선생님, 신은 죽었다고 말씀하신 선생님의 새로운 가르침은 무엇인가요?

니체: 우리의 유일한 가르침이 될 수 있는 것은 무엇일까요? 어느 누구도 인간에게 인간의 특성을 부여하지 않는다는 사실입니다. 신도 아니고 사회도 아니고, 인간의 부모나 선조도 아니며, 인간 자신도 자신의 특성을 부여하지 않습니다.

의심하는 자: 신이 우리의 특성을 창조하지 않았다는 것은 알겠습니다. 그렇지만 자신의 특성을 만들어가는 것이 우리 자신이 아니라는 것은 이해하기 힘들군요. 그렇다면 우리 자신의 존재에 대해 누가 책임을 진단 말입니까?

니체: 도대체 인간이 존재한다는 것, 그가 이러저러한 성질을 갖고 있는 것, 그가 바로 그런 상황과 그런 환경에 처해 있다는 것에 대해 어느 누구도 책임이 없습니다. 그의 존재의 숙명은 이미 존재했고 또 앞으로도 존재할 모든 것의 숙명에서 분리될 수 없습니다.

의심하는 자: 제가 이해하기로는 선생님께서는 숙명론을 주장하지는 않는 것으로 알고 있습니다. 그렇다면 우리의 삶에는 아무런 목적도 의미도 없는 것인가요?

니체: 인간은 특정 의도나 특정 의지나 특정 목적의 결과가 아닙니다. 자신의 존재를 어떤 목적에 전가하고자 하는 것은 어처구니없는 일이니까요. '목적'이라는 개념은 우리가 고안해낸 것입니다. 사실 목적이라는 것은 없습니다.

의심하는 자: 선생님께서는 삶에도 목적이 없고, 세상에도 목적이 없다고 말씀하십니다. 목적이 없는 삶과 사회란 어떤 결과를 초래할까요?

니체: 사람들은 필연이며 한 조각 숙명입니다. 사람들은 전체에 속하며 전체 안에 있습니다. 우리의 존재를 판결하고 측정하며 비교하고 단죄할 수 있는 것은 없습니다. 왜냐하면 그런 일은 전체를 판결하고 측정하며 비교하고 단죄하는 것을 의미하기 때문입니다. 그렇지만 전체의 외부에 존재하는 것은 아무것도 없습니다.

의심하는 자: 우리가 전체를 판결할 수 없으니 우리 자신도 판결할 수 없다는 뜻이군요. 그렇게 되면 결국 극단적인 허무주의로 빠지지 않을까요? 우리는 살아가기 위해 여전히 판결하고 측정하고 비교하고 단죄할 수 있는 기준이 필요하지 않습니까?

니체: 물론 목적과 의미가 없다는 사실을 부패와 퇴락과 같은 병리적 현상으로 받아들일 수도 있습니다. 저는 이런 상태를 '수동적 허무주의'라고 부릅니다. 그렇지만 어느 누구도 더 이상은 책임지지 않는다는 것, 존재의 방식이 제일 원인으로 소급되어서는 안 된다는 것, 세계가 감각중추나 '정신'으로서의 단일체는 아니라는 것, 바로 이것이야말로 위대한 해방입니다. 이로써 생성의 무죄가 비로소 다시 회복되는 것입니다.

의심하는 자: 그렇다면 선생님의 허무주의 사상에서 신은 어떤 의미를 갖고 있습니까?

니체: 신 개념은 지금까지 인간 삶에 대한 최대의 반박이었습니다. 우리는 신을 부정합니다. 우리는 신에게 있는 책임을 부정합니다. 이렇게 함으로써 우리는 비로소 세계를 구원합니다.[20]

니체의 사상은 파고들수록 더 많은 의심을 자아낸다. 니체는 신을 왜 죽였을까? 신이 없는 시대에도 종교는 가능한가? 니체의 대답은 하나의 해석을 암시한다. 니체는 이 세계를 구원하기 위해 신을 죽였다. 선과 악, 미덕과 악덕, 정의와 부패와 같은 이 세상의 모든 것을 신에게 돌릴 수 없다고 니체는 말한다. 어느 누구도 나의 존재에 대한 책임이 없다고 말한다.

여기서 문제가 되고 또 의미를 갖는 것은 바로 '내가 이 세계에 존재하고 있다'는 사실이다. 내가 이 전체 속에 있다는 것은 일종의 운명이며, 전체가 나의 존재를 포함하고 있다는 것 역시 운명이다. 그렇다면 나의 가치를 찾기 위해서도 이 세계 전체를 긍정해야 한다.

사람들은 종교를 생각하면 무조건 신을 떠올리지만, 종교는 사실 신보다 훨씬 더 심오하고 신성하다. 니체가 말하는 '생성의 무죄(Unschuld des Werdens, The Innocence of Becoming)'만큼 종교적인 표현도 없을 것이다. 종교는 이 세계가 있는 그대로 가치가 있다는 하나의 심오하고 분명하고 포괄적인 세계관이다. 끊임없이 생성되어가는 이 세계는 우리에게 외경심을 자아낸다.

신은, 니체가 말한 것처럼, 이러한 세계를 표현하는 하나의 극단적인 가설일 뿐이다. 종교는 결코 신에 대한 믿음을 의미하지 않는다. 이 우주가 아름다운 것은 신에 의해 창조되었기 때문이 아니다. 마찬가지로 우리의 삶이 가치가 있는 것은 사랑하는 도덕적 신이 존재하기 때문이 아니다. 신이 있든 없든 우리의 삶이 가치가 있고, 또 우주가 아름답다고 느끼는 것은 분명 심오한 종교적 마음이다. 그러므로 신이 없는 시대에도 여전히 종교는 가능하다.

그렇다면 우리는 정말 다른 신이 필요 없는 것일까? 세상에는 오직 도킨스가 말하는 '만들어진 신들'만이 존재할까? 니체도 묻는다.

이제 신앙이 점점 더 신빙성을 잃어간다면, 신성한 것은 아무것도 없다는 것이 입증되어 그것이 단지 오류·맹목·허위임이 드러난다면, 신 자체도 우리가 꾸며낸 오래된 허위임이 입증된다면 어떻게 될 것인가?[21]

만약 그 어떤 목적 없이도 이 생성의 세계를 긍정하려면 우리는 어쩌면 또 다른 신을 만들어내야 할지도 모른다. 그것이 설령 이제까지의 도덕적 신과는 전혀 다른 극단적 가설일지라도.

3 장

프로이트, 의식을 의심하다

"자아는 자기 자신의 집주인이
아니다."

지그문트 프로이트, 《정신분석 강의》

1.

자아는 존재하는가

"나는 우산을 가져오는 것을 잊었습니다."

어떤 사람이 별 의미 없는 이 말을 했다고 가정해보자. 아침에 집을 나설 때는 하늘이 맑았는데 집에 돌아가려는 시점에는 비가 내릴 수도 있다. 이 말은 비를 맞고 길을 나설 생각을 하니 난감하다는 생각의 표현일 수도 있고, 듣는 사람에게 우산을 빌려달라는 청탁의 말일 수도 있다.

여기서 자기 자신을 '나'라고 표현하는 사람은 자신의 느낌과 생각과 의지를 갖고 있는 자아임이 틀림없다. 그는 비가 내리는 것을 의식하며, 비 예보를 들었음에도 불구하고 우산을 준비하는 것을 망각한 것이다. **그는 왜 우산을 가져오는 것을 망각했을까?**

우리의 기억력이 쇠퇴하여 망각한 것이라면 아무런 문제가 되지 않는다. 집을 나서는 순간 "오늘 일찍 들어오세요!"라는 부드럽지만 강압적인 부인의 말에 방해를 받아 우산을 갖고 나오는 것을 잊었을 수도 있다. 일찍 들어오라는 말이 왜 우산을 망각하게 만든 것일까?

우리는 현실을 경험하면서 어떤 것은 기억하고, 어떤 것은 잊는다. 우리의 정신 활동은 이렇듯 기억과 망각으로 구성되어 있다. 우산을 잊고 나왔다는 사실을 의식하면 별 문제가 없는 것처럼, 망각했다는 사실을 의식하면 우리의 정신 활동은 정상적이다.

그렇다면 이런 경우는 어떤가? 조금 전 다녀간 한 여자 환자가 다시 의사의 방을 찾아와 깜박 우산을 놓고 가서 찾으러 왔다고 말하는데, 그녀의 손에 이미 우산이 들려 있다. 왜 그녀는 이런 실수를 하는 것일까? 이 질문에 대부분의 사람들은 '무의식'의 영향이라고 대답한다.

지그문트 프로이트(Sigmund Freud, 1856~1939)의 정신분석학이 어떤 학문인지 잘 알지 못하는 사람들조차도 '무의식(Das Unbewußte, The Unconscious)'이라는 낱말은 모두 알고 있다. 프로이트는 망각이나 말실수, 물건을 잘못 놓는 것과 같은 일상적인 실수뿐만 아니라 꿈과 같은 정신적 현상도 모두 의미가 있다고 주장한다. 우리의 사고와 행동을 지배하는 내면의 동기에는 의식적인 것도 있고 무의식적인 것도 있다는 정신분석학적 인식은 이제 평범한 상식으로 일상화되었다. 사람들은 이제 의도를 알지 못하면 모두 무의식 탓을 한다.

프로이트는 자신의 인식과 통찰이 겪을 운명을 이미 예측했는지도 모른다. "우리가 지핀 불 위에서 자기들의 수프 냄비를 데우고 있는 심리학자들과 심리치료사들—우리의 작업에 대해 진실로 고마워하지도 않으면서—또 과학의 놀라운 결과들을 전유해버리는 습성이

있는 이른바 교육받은 사람들과 학자들, 그리고 일반 대중들"은 정신
분석학과 관련된 "일반적으로 몇몇 개의 판에 박은 상투어들을"[1] 거
리낌 없이 입에 올린다.

　프로이트의 인식이 20세기 이후의 지성사에 엄청난 영향을 미친
것은 사실이지만 사실 그의 인식과 통찰에 더 이상 새롭거나 혁명적
인 것은 하나도 없는 것처럼, 무의식과 같은 프로이트의 용어들이 아
무렇지 않게 사용된다.

　"나는 우산을 가져오는 것을 잊었습니다(I have forgotten my umb-
rella)."[2] 우리가 일상생활에서 흔히 사용하는 이 문장은 사실 니체가
《즐거운 학문》을 집필하던 시기에 남긴 미발표 원고에 들어 있는 단
편이다. 프랑스 철학자 데리다는 이 한 문장에 관해 매우 흥미로운
에세이를 썼다.[3]

　아무런 연관도 없이 무의미하게 던져진 것 같은 이 문장은 그 어떤
해석도 허용하지 않는 것처럼 보인다. 인용문 속의 '나'는 도대체 누
구인가? '나'라는 인칭대명사가 지시하는 자아는 니체일 수도 있고,
니체가 인용한 문장의 저자일 수도 있다. '나'가 지시하는 것은 무한
히 확대된다. 거리에서 들은 말을 적어놓은 것일 수도 있고, 어떤 신
경증 환자가 한 말의 의미를 나중에 해석해보기 위해 써놓은 것일 수
도 있다.

　인류의 지성사에 중요한 모든 사건을 이미 인터넷으로 경험하는
21세기 현대인들은 여기서 우산이 무엇을 의미하는지 알고 있다. 우
산은 정신분석학적으로 '음경(Phallus)'을 상징한다. 남자들이 늘 지니
고 다녀야 하는 그것을 잊고 왔다는 것은 무엇을 의미하겠는가? 이렇

게 반문하는 21세기의 현대인의 입가에는 정답을 알고 있는 사람의 오만하고 냉소적인 미소가 번진다.

이 문장은 여성들과 문제가 많았던 니체가 자신의 쾌락 충동과 본능을 억압하는 것을 애통해하면서 그의 거세가 성공적으로 완료되었음을 인정한다는 것이다. 이런 정신분석학적 해석에도 불구하고 우리는 여전히 니체가 왜 이 무의미한 문장을 유고에 남겼는지 알지 못한다.

자아는 자기 자신의 집주인이 아니다

이 지점에서 우리의 의심이 샘솟는다. 프로이트의 정신분석학은 우리 내면의 무의식적 동기들이 모두 성적인 성격을 띤다는 주장으로 끝난 것인가? 무의식의 세계를 발견한 그의 심층심리학이나 모든 정신적 동기를 성욕으로 환원시키는 그의 인간관에 설령 동의하지 않는다고 해도, 프로이트가 인간의 정신(영혼)세계에 대해 근본적인 문제를 제기했다는 것을 부인할 수는 없다. "왜 아직도 프로이트인가?"에 답하려면 우리는 우선 그가 철학과 지성사에 야기한 혁명적 사건을 이해할 필요가 있다.

프로이트는 2000년 동안 서양의 문명과 지성사를 지탱해온 주춧돌을 단숨에 빼버린다. 이 혁명적 사건은 하나의 간단한 명제로 압축되어 서술된다. "자아는 자기 자신의 집주인이 아니다(The ego is not master in its own house)."[4] 정신분석학은 이제까지 우리의 사고와 행동을 지배한다고 믿었던 이성과 의식을 철학의 왕좌로부터 끌어내린다. 우리의 마음속에서 무의식적으로 일어나고 있는 것에 관해 충분치 않은 정보를 갖고 우리는 자아를 해석해야 한다.

프로이트가 말하는 것처럼 무의식은 이미 오래전부터 심리학의 문을 두드렸는지도 모른다. 플라톤도 우리의 마음을 지배하는 것이 이성일지는 몰라도 마음의 가장 많은 부분을 차지하는 것은 욕망이라고 인정하지 않았는가. 플라톤을 정면으로 반박한 니체도 우산의 단편을 남겼던 시기에 이렇게 말한다.

> 아주 오랫동안 인간은 의식된 사유를 사유 일반으로 여겨왔다. 오늘날에야 비로소 우리의 정신적 작용의 대부분이 무의식적이고 느껴지지 않은 채로 진행된다는 사실이 드러나기 시작했다.[5]

'자아는 자기 자신의 집주인이 아니다.'라는 명제 하나로 프로이트는 마르크스, 니체와 함께 전통 철학과 형이상학의 전제를 뒤집어엎는 의심의 학파에 합류한다.

우리의 관심은 프로이트의 의심이 철학에 어떤 의미를 갖는가이다. 정신분석학은 일반적으로 환자와의 대화를 통해 정신 병리적 증상과 성격 장애를 치유하는 심리치료법으로 알려져 있다. '말하는 치료(Talking Cure)'로 알려진 정신분석은 한편으로 환자들로 하여금 자유연상·환상·꿈과 같은 자신의 생각을 스스로 '말하게' 하고, 다른 한편으로 분석가는 환자들의 병리적 증상과 성격 문제들을 야기하는 무의식적 갈등을 '해석함'으로써 환자들이 문제를 해결할 수 있는 '통

찰을' 얻도록 한다.[6]

그러나 프로이트의 관심은 꼭 치료에만 있었던 것은 아니다. 정신분석의 목표는 오히려 치료가 아니라 진리다. 그리고 그 중심에 자아의 문제가 자리 잡고 있다. 물론 프로이트는 진리가 거짓보다 인간에게 유익하다고 생각한다. 진리는 당장은 훨씬 더 고통스러울 수 있어도 있는 그대로 받아들일 때 삶에 기여하지만, 거짓은 장기적으로 삶을 황폐하게 만들 수 있기 때문이다.

이제까지 자아의 문제가 되는 것들을 억압하면 결과적으로 정신병리 현상을 야기하고, 억압된 것을 자유롭게 말하고 받아들이면 오히려 카타르시스를 통해 치유될 수 있다. 그렇다면 정신과 관련된 우리의 병을 고치는 것은 결국 '진리'다. 이처럼 프로이트의 관심은 우리의 정신 내면에서 도대체 어떤 일이 일어나는가에 집중된다.

자아를 찾으려면 우리의 시선을 내면으로 돌려야 한다. 자기 자신을 관찰하는 사람은 이제까지 진리로 여겨졌던 철학적 전제에 의심을 품게 된다. 왜냐하면 우리의 내면을 들여다보면 수많은 충동이 서로 투쟁하고 있으며, 이들은 서로를 느끼도록 만들고 서로에게 고통을 가하기도 한다는 사실을 알게 된다. 데카르트가 더 이상 회의할수 없기 때문에 확고부동한 토대라고 이야기한 생각하는 주체로서의 자아는 사실 존재하지 않는다. 우리의 내면에는 신적인 것, 영원히 존재하는 것으로서의 '자아'는 존재하지 않는다.

프로이트는 우리의 내면에서 벌어지는 싸움과 전쟁에 주목한다. 만약 자아가 존재한다면 우리는 '자아는 무엇인가?'라고 질문하겠지만, 자아가 존재하지 않는다면 '자아는 어떻게 형성되는가?'라고 의문을 제기할 수밖에 없다. 우리의 정신세계에는 기억하게 하는 힘이 있는 동시에 망각하게 하는 힘도 존재한다.

우리가 어떤 것을 생각한다는 것은 그것에 관한 표상이 우리의 의식 속에 나타난다는 것을 의미한다. 우산을 보면서 '여기에 우산이 있다'고 인식한다면, 우리는 우산을 의식하고 있는 것이다. 물론 일정 시간이 흐른 뒤 실제로 우산이 눈앞에 없는데도 기억을 통해 우산이 의식의 전면에 나타난다면, 우리는 여전히 우산을 의식하고 있는 것이다.

그런데 우리의 정신세계에는 특정한 표상이 의식의 표면에 떠오르지 못하도록 방해하고 억압하는 망각의 메커니즘이 존재한다. 프로이트는 억압을 통해 어떤 표상이 의식의 전면에 나타나지 않을 때 그 표상이 '무의식'의 상태에 있다고 말한다. 문제는 억압된 것이 억압된 채로 완전히 사라지는 것이 아니라 거꾸로 우리의 의식에 영향을 준다는 점이다. 어떤 표상이 무의식의 상태에 있을지라도 그 표상은 의식에 도달하는 표상과 마찬가지로 나름의 영향력을 행사한다.

정신분석학의 목표는 이처럼 자아를 형성하는 내면의 힘들을 인식하고 해석하는 것이다. 정신분석학은 정신세계의 다양한 징후를 이해하려는 '정신해석학'이다. 그렇다면 프로이트의 정신 해석은 무엇에 초점을 맞추고 있는가?

정신분석학이 처음 자신의 문제를 영혼 속에 있는 자아와는 낯선 어떤 것, 즉 증후로부터 시작했다는 것은 전혀 상관없는 일이 아닙니다. 증후란 억압되어진 것으로부터 생겨납니다. 그리고 그것은 자아와의 관계에서 억압된 것을 대신합니다. 그러나 억압된 것들은 자아에게는 다른 나라, 마음속에 있는 외국입니다. 현실이 우리의 외부에 있는 외국인 것처럼 말입니다. 증후로부터 출발한 그 길은 무의식으로, 본능 생활로, 성생활로 이어집니다.[7]

우리의 자아는 마치 두 개의 낯선 외국 사이에 끼여 있는 것과 같다. 자아는 한편으로 외부 세계의 끊임없는 자극과 억압을 받지만, 다른 한편으로 어떤 이유에서든 억압되어 형성된 무의식의 영향을 받는다. 프로이트가 말하는 것처럼 억압된 것이 무의식의 원형이라면, 우리는 정신세계에서 억압의 기제가 어떻게 작동하는지를 알아야 한다. 모든 것이 우연히 일어나지는 않을 터이기 때문이다.

나는 나 자신의 정신 활동이 비의도적으로 표현되었을 때, 이것은 오직 나와 관계가 있으며 숨겨져 있는 뭔가를 드러내는 것이라고 믿는다. 즉 나는 외부에서 일어나는 (실제의) 우연은 믿지만 내부의 (정신적인) 우연은 믿지 않는다. 내부에서 일어나는 일에는 우연이란 없는 것이다.[8]

내면의 정신세계에서 나의 의도나 의지와는 관계없는 수많은 감정·욕구·성향·충동·본능이 밀려오는 것을 느낀다면, 우리는 이 힘들이 어떻게 서로에게 영향을 주어 무질서로 보이는 것이 질서 있는 자아로 발전하는지 의심을 품지 않을 수 없다.

우리의 내면을 관찰하면 정신세계에는 자기 자신을 관찰하는 힘이 있다는 것을 알게 된다. 자아가 아주 독특한 주체인 것은 바로 이 때문이다. 우리는 자기 자신을 관찰의 대상으로 만들 수 있다. 우리는 이런 과정을 '자기 성찰'이라고 부른다.

> 자아는 자기 자신을 대상으로 만들 수 있고, 다른 대상들처럼 자신을 다룰 수 있으며, 자신을 관찰하고, 비판하고, 그 외에 자신을 상대로 무슨 일이든 감행할 수 있습니다.[9]

다시 말해 우리의 정신세계에는 자아를 분열시킬 수도 있는 동시에 다시 통합할 수 있는 힘이 있는 것이다.

세 주인을 섬기는 자아

그렇다면 무엇이 자아를 분열시키는 힘인가? 우리 인간은 모두 쾌락을 추구하는 본능과 충동을 갖고 있다. 사람은 누구나 행복해지기를 원하고, 그 행복을 유지하고 싶어 한다. 이런 인생의 목적을 결정하는 것은 쾌락 충동이다.

우리가 태어날 때부터 도덕적 양심을 갖지 않았다는 것은 분명하다. 어린아이는 쾌락 충동을 억제할 수 있는 힘을 갖고 있지 않다는 점에서 근본적으로 비도덕적이다. 어린아이의 행동을 제어하고 충동을 억압하는 것은 처음에는 부모와 사회의 권위 같은 외부의 힘이다.

부모는 우리의 행동을 관찰한다. 대소변을 아무 데나 보면 그래서는 안 된다고 제재를 가한다. 성기를 드러내놓고 돌아다니면 '따 먹어버리겠다'고 농담처럼 위협을 가한다. 어린아이는 이렇게 자신의 쾌락 충동만을 따르면 부모의 사랑을 상실할 수 있다는 불안을 갖게 되고, 불안이 억압을 만들어낸다.

프로이트에 의하면, "외부적인 억제가 내면화되어서 부모의 역할 대신 초자아가 등장하고, 그것은 부모들이 그전에 아이에게 그랬던 것처럼 똑같이 자아를 관찰하고 조절하고 위협한다."[10] 초자아는 정신세계에 내면화된 관찰자이다. 이 초자아는 부모가 실제로 눈앞에 없더라도 어린아이의 사고와 행위를 끊임없이 감시하고 위협한다.

문제는 항상 '억압'과 함께 시작된다. 억압은 늘 '저항'을 수반한다. 억압되는 것에는 의식의 표면을 뚫고 올라오려는 강한 충동이 잠재되어 있다. 이런 관점에서 보면 의식과 무의식은 경계선이 뚜렷한 두 개의 정신세계가 아니다.

일반적으로 우리 자신—우리 자신의 자아—에 대한 감각만큼 확실한 것은 없다. 자아는 자율성과 통일성을 갖고 있으며, 다른 모든 것과 뚜렷이 구별되는 것처럼 보인다. 그런 겉모습은 믿을 수 없다는 것, 그와는 반대로 자아는 내면으로 연장되어 우리가 〈이드(Id)〉라고 부르는 무의식적인 정신적 실체와 뚜렷한 경계선 없이 이어진다는 것, 자아는 그 〈이드〉

의 겉포장 구실을 하고 있다는 것, 이것이 정신분석적 연구가 처음 발견한 것들이었다.[11]

의식과 무의식의 경계선을 만들고, 자아에 자율성과 통일성을 부여하는 근본적인 힘은 바로 '이드'이다. 우리는 이 힘의 실체를 전혀 알지 못하지만 그 작용과 효과로부터 그 존재를 추론할 수 있기 때문에 프로이트는 니체의 용어를 빌려 '이드(Id)'라고 부른다. 이드는 오로지 쾌락 원리에 따른 본능적 욕구 충족을 위한 충동들로부터 나온 에너지다. 이 충동은 의식화할 수 없기 때문에 '어두운' 힘이고, 선악의 저편에 있는 것이기 때문에 '비도덕적' 힘이다.

그렇다면 우리의 자아는 이드의 본능적 충동과 초자아의 억압, 다시 이에 대한 무의식의 저항을 통해 만들어지는 것이다. 프로이트는 "두 주인을 섬기지 말라."는 속담을 인용하면서 자아의 불쌍한 처지를 언급한다. 자아는 '외부 세계, 초자아, 그리고 이드'의 세 주인을 섬겨야 하니 자아가 자기 자신의 집주인이 아니라는 사실은 분명하다. 자아를 영원한 실체로 신화화하는 현대 세계에서 "자아는 이드의 한 부분일 뿐"[12]이라는 프로이트의 인식만큼 혁명적인 것도 없을 것이다.

"문명은 공동체의 모든 구성원을 리비도적으로 한데 묶으려 하고, 그 목적을 이루기 위해 모든 수단을 동원한다."

지그문트 프로이트, 《문명 속의 불만》

2.
문명은 어떻게 발달하는가

한때 사람들은 문명이 발전하면 더욱 행복해질 것이라고 생각했다. 행복이 어떻게 정의되든 우리 모두가 행복을 추구한다는 사실을 부인할 수 없다면, 인간의 행복 추구가 문명을 발전시킨다는 가설은 자명해 보인다. 인간이 생물학적 존재로서 진화 과정에 예속되어 있다면, 문화적 존재로서 인간은 자신의 삶을 스스로 통제할 수 있는 조건과 생활 수단을 만들어왔다.

이제 우리는 행복해지기 위해 진화 과정마저 통제하려 한다. 이제까지보다 더 오래 살고, 더 총명해지고, 더 행복해지기 위해 생물학적 과정에 간섭하려는 인간의 의도는 전혀 이상하지 않다.

하지만 문명이 발전하면 인간이 '더' 행복해질 것이라는 이야기는 환상이다. 인간이 이성적이 되면 될수록 더욱 행복해지는 것은 아니라는 프로이트의 리비도 이론은 여기서도 의심을 품는다. 문명이 발전할수록 사람들이 더욱 행복해졌다는 증거는 어디에도 없다.

문화 발전에 필요한 두 가지 본능

인간에게 정주를 가능하게 만든 농업혁명에서 인간 문명의 시초를 찾지만, 농업혁명이 행복한 시대를 열지 못했다는 것은 이제 상식이 되었다. 농부들은 대체로 수렵채취인들보다 더욱 힘들게 살았다. 농업 혁명 덕분에 여분의 식량을 축적할 수는 있었지만, 잉여 식량이 오히려 인구 폭발을 야기해 기아와 질병의 위험을 증대시켰다는 것은 문명의 역설이다. 농부들은 다양한 방식으로 삶을 활기차게 보냈던 수렵채취인들보다 평균적으로 더 많이 일해야 했다. **이 문명의 역설을 어떻게 이해해야 할까?**

이러한 질문은 프로이트를 다시 우리의 동시대인으로 만든다. 프로이트의 정신분석학을 비과학적인 심리학 정도로 평가하는 인지과학과 실험심리학은 우리의 행복 감정을 결정하는 것은 바로 우리의 생화학 시스템이라고 주장한다. 생물학자들에 따르면, 우리의 정신세계와 감정세계 역시 수백만 년의 진화에 의해 만들어진 생화학적 체제의 지배를 받는다는 것이다.

물론 우리의 행복은 지극히 개인적이므로, 우리의 가치관과 연봉, 사회적 지위, 정치적 권리와 같은 사회·문화적 요소는 여전히 중요하다. 이러한 행복의 요소들은 한결같이 쾌락의 원칙을 따르는 것처럼 보이지만, 진화의 자연선택은 결코 행복을 선호하지 않는다. 우리의 생화학적 시스템은 오히려 행복 수준을 상대적으로 일정하게 유지하도록 만들어진 진화의 프로그램처럼 보인다. 우리는 진화 과정을 통해 너무 불행해하지도 행복해하지도 않도록 만들어졌다.

그런데 이러한 인식은 인간에겐 행복과 쾌락을 추구하는 '에로스적 본능'만 있는 것이 아니라 파괴와 죽음을 추구하는 '공격 본능'도 있다는 프로이트의 성찰과 너무나 닮아 있다.

프로이트의 정신분석학이 여전히 혁명적인 까닭은 인류 문명이 보존과 통합만 추구하는 것이 아니라, 공격 본능에 의한 파괴와 전쟁도 필연적으로 문명 과정에 속한다는 점을 예리하고 솔직하게 통찰했기 때문이다. 1932년 프로이트는 아인슈타인에게 보낸 편지에서 인간의 공격 본능은 삶의 필연적 부분이기 때문에 쉽게 극복할 수 없다는 점을 분명히 한다. 물론 프로이트는 전쟁을 반대하고 평화를 추구한다. 이것은 생물학 존재로서의 인간에게 주어진 본능이다. 프로이트는 아인슈타인에게 이렇게 묻는다.

당신과 나를 비롯한 수많은 사람은 무엇 때문에 전쟁에 그토록 격렬히 반발하는 것일까요? 왜 우리는 전쟁을 인생에서 수없이 부딪치는 고통스러운 재난 가운데 하나로 받아들이지 않는 것일까요? 어쨌든 전쟁은 충분한 생물학적 근거를 가지고 있으며, 사실상 거의 피할 수 없는 하나의 자연스러운 일처럼 보입니다.[13]

경쟁, 지배, 그리고 파괴와 같은 공격 본능이 생물학적으로 결정된 것이라면 전쟁은 피할 수 없는 일이다. 인간의 공격 본능을 제거하고 전쟁을 없앤다는 것은 실현 불가능한 유토피아처럼 들릴 뿐이다. 여기서 반전이 일어난다. 프로이트는 스스로를 평화주의자로 내세우면서 평화를 추구하는 것도 역시 우리의 본능이라고 확인한다.

내 생각에 우리가 전쟁에 반대하는 주된 이유는 반대하지 않을 수가 없기 때문입니다. 우리가 평화주의자인 것은 기질적인 이유로 평화주의자가 될 수밖에 없기 때문입니다.[14]

우리가 원하든 원치 않든 평화주의가 될 수밖에 없는 이유를 프로이트는 '기질적(organic)'이라고 표현한다. 그것은 우리가 생물학적 존재로서 이러한 태도를 강요하는 발전 과정의 한 부분이기 때문이다. 이 과정은 두말할 나위 없이 종종 문명이라 불리는 '문화의 발전 과정'이다. 그렇다면 인류의 문명은 두 가지 본능의 상호 작용에 의한 것인가? 지성을 강화하는 본능과 공격적 충동을 내면화하는 본능은 인류 문명의 심리학적 특징이다.

우리 모두는 전쟁과 평화가 문명의 필연적 산물이라는 것을 직관적으로 익히 알고 있다. 프로이트는 여기서 한 걸음 더 나아가 문화 발전을 위해서는 두 본능이 똑같이 필요하다고 주장한다.

이 두 본능은 똑같이 필수불가결한 것입니다. 생명 현상들은 양자의 협력이나 상호 반발에서 생겨나기 때문입니다. 어느 한쪽 본능만 따로 분리된 상태에서는 거의 작용할 수 없는 것처럼 보입니다. 일정량의 다른 쪽 본능이 결합—우리는 이것을 혼화(混和)라고 부릅니다—되어 그 본능의 본래 목표를 수정하고, 어떤 경우에는 목표 달성을 도와주기도 합니다. 예를 들어 자기 보존 본능은 분명 에로스적인 종류에 속하지만, 목적을 달성하려면 공격성을 가져야 합니다. 사랑의 본능도 마찬가지여서, 어떤 식으로든 사랑하는 대상에 대한 소유권을 얻으려면 지배 본능의 도움이 필요합니다. 우리가 그토록 오랫동안 두 종류의 본능을 인식하지 못했던 것은 이 두 본능이 실제로 발현될 경우 따로 분리하기가 어렵기 때문입니다.[15]

문명적 자아는 문명 발달의 주체가 아니다

굳이 전쟁을 떠올리지 않더라도 우리의 삶과 사회는 폭력으로 얼룩져 있다. 몰카 이미지를 인터넷에 올리는 성폭력 행위, 강력한 공격 본능을 가감 없이 드러내는 보복운전, 불특정한 다수에 대해 분노를 표출하는 테러 행위. 이런 현상들을 보면 인간에게 이웃은 사랑과 배려의 대상이 아니라 타고난 공격 본능을 자극하는 존재다.

인간은 이웃을 성적으로 이용하고, 이웃의 노동력을 착취하고, 이웃의 재물을 강탈하고, 이웃을 경멸하고, 이웃에게 고통을 주고, 이웃을 고문하고, 이웃을 죽이고 싶은 유혹을 느낀다. "인간은 인간에게 늑대다(Homo homini lupus)." 인생을 조금이라고 경험하고 역사에 대한 지식을 갖고 있는 사람이라면 감히 이 주장을 반박할 수 없을 것이라고 프로이트는 단언한다.

프로이트가 우리의 내면적 정신세계에서도 이드가 자아를 형성한다고 본 것처럼 우리의 외면적 사회에서도 공격 본능이 보존과 통합을 추구하는 에로스 본능보다 우선적이라고 파악한다. 왜냐하면 문화는 이 공격 본능을 어떻게 억누르냐에 달려 있기 때문이다.

인간이 원초적으로 갖고 있는 이 공격 성향으로 인해 평화적 사회관계는 끊임없이 위협받고, 문명사회는 지속적으로 붕괴 위기를 맞는다. 그러므로 우리는 지속적 자기 보존을 위해서 공격 본능의 표출을 억제하려고 최대한 노력을 기울여야 한다. 이 노력의 결과가 바로 문명이다. 프로이트는 이처럼 유해한 공격 본능을 무해한 것으로 만드는 문명 과정을 '승화'라고 부른다.[16]

자아가 리비도적 욕망과의 대결을 통해 형성되는 것처럼, 인류 문명은 공격 본능과 대적함으로써 발전한다. 문명을 가로막는 가장 강력한 장애물은 바로 인간의 공격 본능이다. 그렇다면 문명은 이러한 공격성을 억제하거나 해롭지 않은 것으로 만들기 위해 어떤 수단을 사용하는가?

자아가 리비도를 억제하기 위해 초자아를 만든 것처럼, 문명 역시 개인의 공격성을 약화시킬 수 있는 '문명적 초자아'를 만든다. 이 문명적 초자아는 "네 이웃을 사랑하라!"라는 보편적 윤리로 표현되기도 하고, 전쟁을 억제하는 국제법적 질서를 강요하기도 한다. 여기서 우리는 이러한 문명적 초자아의 영향력에 의심을 품지 않을 수 없다.

> 문명적 초자아는 인간의 자아가 심리적으로 초자아의 요구를 무엇이든 수행할 수 있고, 자신의 이드에 대해 무제한의 통제력을 갖는다고 생각한다. 이것은 잘못이다. 정상인들도 이드를 어느 한도까지만 통제할 수 있을 뿐이다. 인간에게 그 이상의 것을 요구하면, 그는 반항을 일으켜 신경증에 걸리거나 불행해질 것이다.[17]

개인의 발달과 문명의 발달 사이에는 광범위한 유사성이 있다. 개인의 자아가 자기 자신의 집주인이 아닌 것처럼 문명적 자아 역시 문명 발달의 주체가 아니다. 인간 본성의 파괴할 수 없는 특징인 공격본능이 우리가 어떻게 대적하느냐에 따라 그 방향을 바꿀 뿐이라면 문명은 이 방향에 따라 발전할 것이다.

인간은 행복을 위해 쾌락을 억제한다

그렇다면 우리는 어떻게 문명의 발전 방향을 정할 것인가? 인류는 공동체를 통해 자기 보존을 추구한다. 프로이트는 〈왜 전쟁인가?〉에 답하면서 공동체를 단결시키는 두 가지 요소가 있다고 말한다. 하나는 '강제적인 폭력'이고, 다른 하나는 '구성원들 사이의 감정적 유대'다.[18]

인류가 성적 욕망을 가진 한 쌍의 개인들로 구성된 가족 공동체를 통해 지속되었다면, 우리는 리비도적으로 서로에게 만족하고 감정적 유대를 통해 서로 연결되어 있는 문화 공동체를 충분히 상상할 수 있다. 프로이트에 의하면, 인류 문명은 "공동체의 모든 구성원을 리비도적으로 한데 묶으려 하고, 그 목적을 이루기 위해 모든 수단을 동원한다."[19] 쾌락을 추구하는 성 본능을 통해 공동체가 이루어진다면, 문명은 리비도의 산물이다.

즉 인간을 결합시키는 것은 이성이 아니라 바로 에로스이다. 이러한 프로이트의 생각을 이해하려면 에로스와 문명의 관계에 관한 논의를 살펴봐야 한다. 우리는 "문명이 에로스에 봉사한다."라는 프로이트의 주장에 불편할 수 있다. 인간이 이성을 통해 자연의 한계를 극복한 것이 문명화 과정이었다고 알고 있는 사람들에게 문명 역시 자연, 즉 에로스의 과정에 속한다는 말은 쉽게 이해되지 않는다. 그렇다면 문명 역시 자연의 진화 과정에 속하는 것이 아닌가? 인간을 결합시키는 것이 이성이 아니라 에로스라는 주장처럼 도전적인 말도 없을 것이다.

> 에로스의 목적은 개인을 결합시키고, 그다음에는 가족을 결합시키고, 그다음에는 종족과 민족과 국가를 결합시켜, 결국 하나의 커다란 단위— 즉 인류—로 만드는 것이다.[20]

인간 집단은 리비도를 통해 서로 묶여야 한다는 프로이트의 생각은 환상처럼 들린다. 자기 자신뿐만 아니라 독자들에게도 "위대한 환상 파괴자"[21]였던 프로이트의 이러한 환상을 이해하려면 우리는 다시 인간의 행복 추구로 돌아갈 필요가 있다. 프로이트는 결코 마르크스와 같은 사회 혁명을 꿈꾸지 않았다. 그에겐 인간이 행복하게 살아가는 사회 자체가 낯선 생각이다.

프로이트는 오히려 "인간을 행복하게 하려는 의도는 '천지 창조'의 계획에 포함되어 있지 않았다고 말하고 싶을 정도"[22]라고 말한다. 인류 문명이 발전할수록 인간이 행복해지는 것은 아니라는 사실은 이에 대한 증거이다. 왜 문명 과정이 행복의 증대를 가져오지 않는지에 대한 프로이트의 설명은 대체로 세 명제로 압축된다.

첫째 명제: "인생의 목적을 결정하는 것은 쾌락 원칙의 프로그램이다."[23]

둘째 명제: "쾌락 원칙은 행복해지기 위한 프로그램을 우리에게 부과하지만, 이 프로그램은 완수될 수 없다."[24]

셋째 명제: "성 본능을 '목적 달성이 금지된' 충동으로 바꿈으로써 행복을 찾을 수 있다."[25]

우리는 삶의 목적을 설정하는 것이 '이성'과 '의식'이라고 생각하지만, 프로이트는 '쾌락 원칙'이라고 말한다. 인간이 쾌락을 추구하고 고통을 회피한다는 사실만큼 분명한 것도 없다. 사람들은 한편으로는 고통과 불쾌감이 없는 상태에 도달하려 하고, 다른 한편으로는 강렬한 쾌감을 경험하려고 애쓴다. 전자는 넓은 의미의 행복이고, 후자는 좁은 의미의 행복이다.

우리의 삶에서 섹스는 압도적인 쾌감을 가장 강렬하게 경험할 수 있게 해준다. 성애를 통해 오르가슴에 도달할 수 있도록 한 것이 어쩌면 번식을 위한 생물학적 장치인지는 모르지만, 성애는 행복 추구의 원형을 제공한다. 이런 의미의 행복은 극도로 억제되어왔던 성적 욕구가 갑자기 충족되는 것에서 오기 때문에 일시적일 수밖에 없다. 그러나 우리는 이러한 행복이 무한히 지속될 수 없다는 것을 잘 알고 있다. 쾌락 원칙은 이처럼 현실 속에서 완전히 실현될 수 없다.

프로이트는 쾌락 원칙이 간절히 바라는 상황도 오래 지속되면 강렬한 쾌감이 아니라 가벼운 만족감을 낳을 뿐이라고 지적한다. 그렇지만 성애가 주는 행복감은 너무나 강렬하여 이 길을 버리고 다른 길을 택하기는 쉽지 않다.

쾌락 원칙은 목적을 달성하지 못한다. 우리는 적극적 쾌락보다는 고통과 불행을 제거하는 소극적 행복의 길을 선택한다. 우리는 본능이 충족되면 행복감을 느끼고, 외부 세계가 욕구를 충족시켜주지 않으면 심한 고통을 느낀다. 이 경우 우리는 이런 고통에서 벗어나기 위해 거꾸로 우리의 본능적 충동에 영향을 준다. 욕구를 억제하는 금욕주의를 선택하거나 욕망의 방향을 다른 것으로 돌리기도 한다. 성 본능은 처음부터 그 목적이 완전히 실현될 수 없는 충동인 것이다.

행복이 충족되지 않기 때문에 문명이 발전한다

세상에는 우리의 쾌락 욕구를 충족시켜줄 수 있는 것보다는 고통을 주는 것이 훨씬 많다. 프로이트에 의하면, 우리를 위협하는 고통은 대체로 세 방향에서 온다고 한다. "첫째는 우리 자신의 육체, 둘째는 외부 세계, 그리고 셋째는 관계"[26]다. 만약 세상에 고통이 쾌락보다 훨씬 더 많다면, 행복을 위해서는 고통을 피하는 것이 우선이고 쾌락을 얻는 일은 그다음이다.

쾌락 원칙은 이렇게 외부 세계의 영향을 받아 현실 원칙으로 바뀐다. 사람들은 불행을 면했거나 고통을 이겨낸 것만으로도 행복감을 느낀다. 이렇게 우리는 우리의 본능을 길들인다. 그렇지만 프로이트는 다시 한 번 우리를 상기시킨다. "자아에 길들여지지 않은 본능적 충동을 만족시키는 것은 길들여진 본능을 충족시키는 것과는 비교할 수도 없을 만큼 강렬한 행복감을 준다."[27]

우리의 삶이 쾌락 원칙의 지배를 받지만 현실 속에서 좌절할 수밖에 없다면, 우리는 지속적인 행복을 위해 성 본능을 '목적 달성이 금지된' 충동으로 승화시켜야 한다. 성욕으로 가족을 이룬 남자와 여자의 관계를 사랑이라고 한다면, 이 사랑이 가족 밖으로 확대되어 부모와 자식, 형제자매 사이의 사랑, 그리고 전에는 모르는 사이였던 사람들 사이의 사랑은 성욕의 '목적 달성이 금지된 사랑'이다.

이런 사랑이 가능하려면 우리는 사랑을 성적 목적으로부터 분리시켜 그 기능을 변화시켜야 한다. 사랑받는 것보다 사랑하는 것을 더 중시하는 쪽으로 방향을 바꾸면, 사랑하는 대상이 자신의 사랑을 받아들이든 거부하든 관계없이 행복을 얻을 수 있다. 그뿐만 아니라 이런 사람들은 모든 사람을 똑같이 사랑함으로써 대상을 잃었을 때 겪는 고통으로부터 자신을 보호한다.

이렇게 문명은 모든 인류를 하나로 묶기 위해 성적 충동을 보편적 사랑으로 승화시켜야 한다. 우리는 물론 이러한 보편적 인류애의 정신적 에너지 대부분을 공급하는 리비도가 공격 본능을 갖고 있음을 잊어서는 안 된다.

행복이 영원히 충족되지 않기 때문에 문명이 발전한다. 개인들은 행복을 추구하기 위해 쾌락 원칙을 따르지만, 이 목적을 실현하려면 인간 공동체에 순응해야 한다. 공동체 안에서 타인들과 유대 관계를 맺음으로써 행복을 얻으려면 우리는 욕구를 제어하거나 승화시켜야 한다. 사람들을 인류로 결합시키는 리비도적 환상은 인간의 공격 본능을 억제한다.

그렇다면 행복의 관건은 의미에 대한 개인의 환상을 폭넓게 집단적 환상에 맞추는 데 있을지 모른다. 이런 집단적 환상을 통해 내 삶이 의미 있는 것이라고 확신할 수 있기 때문이다. **그렇다면 행복은 끝**

없는 자기기만에 달려 있는 것인가?

이제 인류는 무한한 행복을 실현하기 위해 과학과 기술의 힘을 빌려 욕망과 리비도 자체를 설계하려 한다. 유발 하라리(Yuval Harari, 1976~)의 《사피엔스(Sapiens)》를 마무리하는 말은 의미심장하다. "스스로 무엇을 원하는지도 모르는 채 불만스러워하며 무책임한 신들, 이보다 더 위험한 존재가 또 있을까?"[28] 이것은 바로 행복을 위해 자신의 본성마저 바꾸려는 포스트휴먼에게 우리의 동시대인 프로이트가 던지는 의심이기도 하다.

4 장

하이데거, 존재를 의심하다

"존재자의 존재는 그 자체가
또 하나의 존재자가 아니다."

마르틴 하이데거, 《존재와 시간》

1.
우리는 어떻게 사물과 만나는가

"위대한 철학자는 모두 정치철학자이다."

야스퍼스가 했다고 전해지는 이 말을 독일에서 철학을 공부하는 동안 지도교수에게서 수없이 들었다. 정치 자체를 철학적 성찰의 대상으로 삼았던 플라톤과 아리스토텔레스 같은 고대 그리스 철학자들에서 시작하여 마키아벨리, 홉스, 로크, 루소를 거쳐 칸트와 헤겔에 이르는 사상가들을 떠올리면 이 말은 타당한 것처럼 보인다.

물론 이 말은 다른 의미를 갖고 있다. 위대하다고 평가받는 철학자가 설령 정치철학적 사상을 (의도적으로) 발전시키지 않았더라도, 정치와 무관해 보이는 그의 사상은 항상 정치철학적 요소와 영향력을 함축하고 있다는 것이다.

이 말을 들으면 마르틴 하이데거(Martin Heidegger, 1889~1976)가 떠오른다. 평생 '존재'의 문제만을 철학적으로 천착한 하이데거는 자신의 철학은 결코 윤리학이나 정치철학을 지향하지 않는다고 천명했다. 그런데 '마르틴 하이데거'라는 이름은 이제 하나의 사건이 되었다.

하이데거는 일찍이 니체에 관해 이렇게 말한 적이 있다. "니체라는 이름은 그가 사유하는 문제를 대변한다." 우리는 이제 이 말을 바꾸어 하이데거에 적용할 수 있다. "하이데거라는 이름은 이제 위대한 사상가의 정치적 판단력 결핍증을 대변한다." 이것이 하이데거 사건의 핵심이다.

20세기의 대표적인 철학자 하이데거는 우리를 두 번 놀라게 한다. **어떻게 하이데거처럼 위대한 사상가가 나치즘에 동조할 수 있었을까?** 하이데거와 나치즘의 관계는 결코 비밀이 아니다. 그뿐만 아니라 하이데거는 나치즘에 부역한 사실을 죽을 때까지 공식적으로 한 번도 후회하거나 반성한 적이 없다.

빅토르 파리아스(Victor Farias, 1940~)의 《하이데거와 나치즘 (Heidegger and Nazism)》이란 책을 읽어본 사람이라면 누구나 두 가지를 분명하게 확인할 수 있다. 하나는 하이데거가 자신의 철학적 신념에서 나치즘에 동조했다는 사실이며, 다른 하나는 "하이데거의 사유가 이 관계 속에서 그리고 이 관계를 통해서 서술되고, 그의 후기 사상의 발전은 본질적 관점에서 이 관계 속에서 뚜렷이 드러난다."[1]는 점이다.

이 책이 출간되었을 때 하이데거 학파에 속하는 철학자들 사이의 논쟁이 기억난다. 하이데거가 정치적으로 오류를 저질렀다고 하더라도 그의 사상의 위대성을 폄하하는 것은 더 큰 오류일 뿐만 아니라 우스꽝스러운 일이라는 것이 그들의 주된 논조였다.

여기서 우리는 강렬할 의심을 뿌리칠 수 없다. 서양 철학사에서 독보적인 위치를 차지하는 하이데거의 존재사상이 과연 이 사상이 서술되는 콘텍스트를 배제하고 이해될 수 있을까? 하이데거와 나치즘의 관계를 하찮게 생각하는 사람들처럼 어떤 철학자의 '위대한 사상'과 "이 이념의 방향에 따라 행동하는 사람의 구체적 실천"[2]을 분리할 수 있는 것일까?

이런 의심을 일거에 날려버릴 수 있는 하이데거의 유고 작품이 출간되었다. 이 책의 출간으로 인해 하이데거라는 이름은 전대미문의 철학적 스캔들을 대변하게 되었다. 1932년부터 1938년까지의 나치 정권 아래에서 프라이부르크 대학 총장에 취임하는 것에서 시작하여 1942년부터 1948년까지 전후 독일의 정신적 상황에 대한 입장을 담은 《흑색 노트(Schware Hefte, 검은 노트)》가 2014년 하이데거 전집 94~97권으로 출간된 것이다.[3]

이 책은 글자 그대로 하이데거의 명성을 잿빛으로 만드는 충격적인 이념과 생각, 문장 들로 가득 차 있다. "독일인만이 존재를 근원적으로 새롭게 창작하고 말할 수 있다." 이렇게 추상적인 독일 민족의 존재사적 사명뿐만 아니라 유대인의 자멸을 공공연하게 거론한다.

하이데거는 왜 이런 글을 은밀히 사적으로 작성하지 않고, 자신의 전집을 완결하는 글로 사전에 치밀하게 계획한 것일까? 많은 사람이 하이데거의 《흑색 노트》가 지성과 판단력의 철저한 결핍을 폭로한다고 비판할지라도 그의 나치즘 부역이 신념에 의한 행위였음을 부인할 수는 없다. 히틀러가 독일 민족의 정치적 지도자라면, 하이데거는 정신적 지도자가 되기를 원했음에 틀림없다.

하이데거와 나치즘의 관계를 분명하게 보여주는 《흑색 노트》.

무엇보다도 먼저 그리고 언제나 지도자는 스스로 지도를 받는 사람이다. 그들은 독일 민족의 운명을 자신의 역사를 주조하도록 강요하는 정신적 사명의 냉혹함에 의해 지도를 받는다. 우리는 이 정신적 사명에 관해 알고 있는가?[4]

하이데거가 1933년 프라이부르크 대학 총장에 취임하면서 한 '독일 대학의 자기주장'이라는 연설에서 이미 그의 사상의 실천적 방향을 암시하고 있다. 그는 이곳에서 '정신적 지도(Geistige Führung)'를 말한다. 독일어 '퓨러(Führer)'는 지도자를 의미하며, 이 낱말은 '이끌다'·'인도하다'·'지도하다'·'통솔하다'는 뜻의 동사에서 유래한다.

나치즘의 전체주의를 처절하게 경험한 독일인들에게 지금은 거의 금기어처럼 되어 있는 이 단어는 그 자체 이미 정치적 방향을 암시하고 있다. 하이데거는 자신의 철학을 통해 '정신적' 지도자가 되고 싶었던 것이다. 이런 사실을 알고서도 우리는 과연 하이데거주의자가 될 수 있는가?

그런데 이런 하이데거가 우리를 놀라게 한 것은 사실 그의 독창적인 사상이었다. 하이데거라는 이름은 20세기의 철학과 떼어놓을 수 없을 정도로 밀접하게 결합되어 있다. 철학사를 돌이켜보면 하이데거 사상은 항상 철학적 주목과 관심의 중심에 서 있었다.

《존재와 시간》의 철학적 마력

1927년 대표적인 저서인 《존재와 시간(Sein und Zeit)》이 출간된 이래 하이데거라는 이름은 철학적 마력 그 자체였다고 해도 과언이 아니다. 그는 철학계의 '숨겨진 왕'으로 불리기도 했다.

하이데거의 영향력은 독일과 철학에만 국한된 것이 아니었다. 장 폴 사르트르의 실존철학, 한스 게오르크 가다머의 철학적 해석학, 루돌프 불트만의 신학, 한나 아렌트의 정치철학, 한스 요나스의 생태철학 등에 지대한 영향을 미쳤다. 그뿐만 아니라 에마뉘엘 레비나스, 자크 데리다 같은 프랑스 사상가와 후기 구조주의 철학은 하이데거 없이는 쉽게 상상할 수 없을 정도이다. 지성계의 상황이 이런데 우리가 현대 사상의 흐름을 이해하고자 한다면 어떻게 하이데거주의자가 되지 않을 수 있겠는가?

많은 사람은 하이데거와 나치즘의 관계에 경악하고, 또 많은 사람은 하이데거 사상의 혁명적 독창성에 놀라워한다. 이제까지는 하이데거 사상의 위대성에 경도되어 그의 정치적 행위를 경시했다면, 앞으로의 과제는 어쩌면《흑색 노트》의 맥락에서 그의 사상을 재조명하고 재평가하는 것이 될 것이다. 그럼에도 불구하고 많은 사람은 하이데거의《존재와 시간》은 그의 정치적 오류와 결점과 관계없이 높이 평가한다. 만약 그의 정치적 오류가 후기 철학으로 대표되는 존재 사유와 결합되어 있다면,《존재와 시간》의 매력은 도대체 어디에서 기인하는 것인가?

이 책의 충격적 영향은 마치 마른하늘에 벼락이 치는 것과 같았다고 한다. 하이데거는 이 책의 출간을 통해 당대의 철학적 풍경을 근본적으로 바꿔놓았다. 빌헬름 딜타이의 해석학, 에드문트 후설의 현상학, 막스 셸러의 철학적 인간학과 같은 다양한 철학적 흐름이 이 책에서 하나로 통합되어 철학적 사유의 패러다임을 전환시켰다고 해도 과언이 아니다.

하이데거가《존재와 시간》의 들머리로 앞세우는 플라톤의《소피스트》의 인용문은 그의 철학적 사유의 방향을 제시한다. 예전에는 그 뜻이 자명했던 '존재하는'이라는 표현이 지금은 무엇을 의미하는지 불분명해졌다는 플라톤의 의심을 반복한다.

> 오늘날 우리는 우리가 '존재하는'이라는 낱말로 본디 무엇을 의미하는가라는 물음에 대답할 수 있는가? 결코 그렇지 못하다. 그렇다면 **존재**

의 의미에 대한 물음을 새롭게 제기해야 할 필요가 있다. 그런데 오늘날 우리는 '존재'라는 표현을 이해하지 못해서 당혹스러움에라도 빠져 있는가? 결코 그렇지 않다. 그렇다면 우선 무엇보다도 다시금 이 물음의 의미에 대한 이해를 일깨워야 할 필요가 있다.[5]

이제까지의 전통 형이상학이 존재 자체를 물음으로써 오히려 '존재한다는 것'이 어떤 의미인지를 불투명하게 만들었다면, 하이데거는 존재의 '의미'에 대한 물음을 구체적으로 작업함으로써 존재를 해명하고자 한다.

그러나 《존재와 시간》을 철학사의 한 획을 긋는 작품으로 만든 것은 존재의 의미에 대한 철학적 물음이 아니다. 사실 존재의 의미를 어떻게 물을 것인가를 논하는 방법론적 부분은 다른 철학적 저서들과 마찬가지로 어렵고 따분하다. 감히 혁명적이라고 말할 수 있는 하이데거의 근본 사상은 사실 놀랍게도 센세이셔널하지 않다. 그의 통찰은 세계 안에서 살아가는 인간의 실존 방식에 초점이 맞춰져 있다. **우리는 세계에서 사물들과 어떻게 만나고, 사물들을 어떻게 대하는가?** 이렇게 진부하고 소박한 질문이 하이데거를 20세기의 위대한 사상가로 만들었다는 것이 놀랍지 않은가.

구체적 상황에서 출발하는 존재론

우리가 일상생활에서 만나는 사물들은 결코 이론적 의미에서의 대상이 아니다. 우리가 지금은 자연과학과 기술에 너무나 익숙해져서 사물들을 인식의 대상으로 생각하고, 이들의 관계를 일반적인 법칙으로 설명하려고 하지만, 생활세계의 사물들은 오히려 의미를 담고 있는 물건, 즉 의미의 담지자이다.

이러한 의미들은 우리가 체험하고, 평가하고, 이해하는 주체로서 이들과 맺는 관계로부터 생겨난다. 이 관계는 우리에게 평범하지만(banal) 실존의 의미를 생산한다는 점에서 기초적(basal)이다. 하이데거는 여기서 이미 우리의 삶과 사회에 의미를 부여하는 사물들을 단순한 인식과 지배의 대상으로 파악하는 자연과학적·공학적 태도를 비판한다.

하이데거는 이러한 통찰을 '존재론적 차이'라는 전문용어로 표현하면서 다음과 같이 간단한 명제로 서술한다. "존재자의 존재는 그 자체가 또 하나의 존재자가 아니다."[6] 그가 하루아침에 유명해진 것은 난해하기 짝이 없는 철학 사상을 보통 사람도 이해할 수 있을 정도로 쉽게 서술했기 때문이다. 우리는 세계 안에서 실존하는 존재자이다. 우리 존재의 의미가 (자연·부모·신과 같은) 다른 존재자에게로 환원된다고 해서 해명되는 것이 아니다.

하이데거는 1919년 프라이부르크 대학에서 행한 강의에서 이 간단한 인식을 매우 진부하고 평범한 체험으로 설명한다. 우리는 강의실에 있는 강단을 어떻게 체험하는가? 저기에 '강단'이 '있다'. 여기서 강단은 존재자고, 있음은 강단의 존재이다. 그러나 학생들이 교실에 들어서면서 강단을 보고 약간 높게 만들어진 "직각으로 된 갈색의 평면"[7]으로 인지하는 것이 일상적 체험은 아니다.

우리는 강단을 결코 구체적 일상의 맥락으로부터 분리시켜 추상적으로 인식하지 않는다. 우리는 그것이 갖고 있는 다양한 구체적 관계들을 단숨에 알아본다. 강단은 하이데거가 학생들에게 강의를 하는 자리이고, 그 위에는 교재처럼 보이는 책이 놓여 있고, 교탁은 교수에 비해 조금 높이 설정되어 있다. 이처럼 우리는 강단을 항상 특정한 조명과 배경과 같은 맥락에서 바라본다. 그러기에 강단이 저기에 있다는 사실의 의미는 강단이란 존재자를 설명한다고 해서 해명되지 않는다.

하이데거는 전통 형이상학이 전제하는 중립적—문학적으로 표현하면 색깔 없고 핏기 없는—주체의 자리에 세계 안에서 살면서 세계를 이해하려고 하는 구체적 인격을 세워놓는다. 전통 철학이 주체와 객체를 분리시키는 의식철학의 모델에 바탕을 두었다면, 하이데거의 존재론은 나와 세계가 의미를 통해 통합된 구체적 상황으로부터 출발한다. 이것이 하이데거의 철학이 가져온 패러다임의 전환이다.

현존재(Dasein)는 그의 존재함에서 이 존재와 관계를 맺는 그런 존재자이다. 이로써 실존의 형식적 개념이 게시되었다. 현존재는 실존한다. 현존재란 이렇게 언제나 자기 자신인 존재자이다. 실존하는 현존재에게는 각자성이 속해 있는데, 이 각자성은 본래성(Eigentlichkeit)과 비본래성(Uneigentlichkeit)의 가능성의 조건이다. 현존재는 이 두 양태 중 어느 한 양태로 실존하거나 두 양태가 구별되지 않는 무차별의 형식으로 실존한다. 그러니 현존재의 이러한 모든 존재 규정은 우리가 세계-내-존재(In-der-Welt-sein)라고 이름 지은 존재 구성에 근거하여 선험적으로 고찰되

고 이해되어야 한다.[8]

우리는 과연 본래적으로 실존하는가

우리는 여기서 하이데거 사상을 어렵게 만드는 두 개의 개념 또는 용어와 부딪히게 된다. 현존재와 세계-내-존재. 하이데거는 존재하면서 자신의 존재를 이해하고 자신의 존재와 관계를 맺고 또 존재의 의미를 찾는 인간의 존재 가능성과 개방성을 강조하기 위해 '현존재'라는 용어를 선택했다.

'거기에 그렇게 열려 있다'라는 뜻의 독일어 낱말 '다(Da)'와 존재를 뜻하는 '자인(Sein)'이 합쳐진 '다자인(Dasein)'은 실제로 평범하고 진부한 단어이다. 우리가 이 세계를 어떻게 이해하고 이 세계와 어떤 관계를 맺든 우리는 모두 '세계 안에 존재'한다. 그러므로 세계-내-존재는 인간 실존의 근본 양식이다. 이러한 인간의 실존 상황을 분석하고 해명하는 하이데거의 언어와 서술은 실제로 매력적이다.

우리는 어떻게 보면 이 세상에 아무런 의미 없이 던져진 존재다. 하이데거는 이 던져졌다는 실존적 사실로부터 오히려 자기의 방식대로 존재할 수 있는 가능성을 발견한다. 이 가능성을 적극적으로 활용하여 자기의 방식대로 살아가는 것이 바로 '본래성'이다.

우리는 과연 본래적으로 실존하는가, 아니면 비본래적 양태로 살아가고 있는가? 이 질문은 물론 《존재와 시간》이 출간된 지 90년이 지난 지금도 그리고 하이데거를 둘러싼 철학적 스캔들에도 불구하고 여전히 타당하다.

대중의 교통수단을 사용하면서, 정보매체를 이용하면서 타인은 모두 같은 타인인 셈이다. 이러한 서로 함께 있음은 고유한 현존재를 완전히 '타인들의' 존재 양식 속으로 해체해버리며, 그래서 타인들의 차별성과 두드러짐이 더욱더 사라져버리게 된다. 이러한 눈에 안 띔과 확정할 수 없음 속에서 그들은(das Man) 그들의 본래적인 독재를 펼친다. 우리는 남들이 즐기는 것처럼 즐기며 좋아한다. 우리는 **남들이** 보고 판단하는 것처럼 읽고 보며 문학과 예술에 대해서 판단한다. 또한 우리는 **남들이** 그렇게 하듯이 '군중'으로부터 물러서기도 한다. **남들이** 격분하는 것에는 우리도 격분한다. 그들은 어떤 특정한 사람들이 아니고 비록 총계로서는 아니더라도 모두인데, 이 그들이 일상성의 존재 양식을 지정해주고 있다.⁹⁾

이 문장은 지금 우리의 삶의 모습을 있는 그대로 적나라하게 보여준다. 여기서 '남들'로 옮긴 독일어 낱말 '만(man)'은 불특정 다수를 가리키는 3인칭 부정대명사이다. 이들은 우리가 일상생활에서 만나서 관계를 맺는 '그들' 또는 '사람들'이다. 이들의 삶의 방식은 평균적으로 우리의 실존을 지배한다.

그런데 이러한 인식으로부터 불안이 생겨난다. 우리는 과연 이 세계 안에 던져진 존재로서 자기 자신을 선택할 수 있을까? 이 사회는 우리에게 자신만의 삶의 방식을 스스로 선택할 수 있는 자유를 열어놓을까? 이 질문이 여전히 유효하다면, 하이데거는 그 정치적 판단력 결핍에도 불구하고 떨쳐버리기 힘든 사상가이다.

"기술은 단지 하나의 수단만은 아니다. 기술은 탈은폐의 한 방식이다. 이 점에 우리가 유의한다면 기술의 본질이 갖는 전혀 다른 영역이 우리에게 열린다. 탈은폐의 영역, 즉 진리의 영역이 그것이다."

마르틴 하이데거, 《기술과 전향》

2.
기술의 본질은 무엇인가

21세기에 인간은 신이 되려고 한다. 이 세상과 그 위에서 살아가는 생명체를 자신의 형상대로 창조한 조물주는 오랫동안 우리가 범접할 수 없는 신으로 여겨졌다. 신은 창조자이고 조물주이다. 신의 형상에 따라 만들어진 인간이라는 동물 역시 자신의 의지와 상상력에 따라 수많은 사물을 만들어내고, 자신의 삶의 터전이 될 수 있는 '인공 세계(artificial world)'를 창조한다.

우리 인류가 만든 도시는 그 끝을 알 수 없어 광대하고 위협적인 자연환경 속에서 우리를 지켜주는 내성(內城)과 같은 것이었다. 유발 하라리가 말하는 것처럼 '별로 중요치 않은 동물'인 호모사피엔스가 지구상에서 살아남기 위해서는 끊임없이 '신처럼' 갖가지 도구와 기술을 만들어야만 했다. 생존을 위해 기술을 발전시킨 호모사피엔스는 어느새 지구 전체를 식민지화하고, 자신의 생물학적 한계마저 뛰어넘으려고 한다. 인간이라는 동물이 신이 된 것이다.

니체처럼 명랑하게, 하이데거처럼 우울하게

'정보화 시대', '지식 기반 사회', '생명공학 시대', '인공지능', '포스트 휴머니즘'. 우리 시대를 규정하는 이 모든 용어는 예외 없이 과학과 기술을 가리킨다. 철학은 당대를 사상 속에 포착하는 것이라는 헤겔의 말을 굳이 떠올리지 않더라도, 우리가 살고 있는 시대의 특성을 파악하지 않고서는 철학적 사유를 할 수 없다.

인간이 과학과 기술의 중심이 되었으니 우리 인간의 역사를 생각하지 않을 수 없다. 약 46억 년 전에 지구라는 행성이 만들어지고, 약 38억 년 전에 이 지구에 생물이 탄생한 다음, 호모사피엔스가 진화한 것은 약 7만 년 전의 일이다. 오늘날 과학자들이 보는 지구의 나이는 45억 6730만 살이다. 이를 하루 24시간으로 가정하면 인류가 탄생한 시간은 23시 59분 59초라고 한다.

하루의 마지막 순간인 눈 깜짝할 찰나에 불과한 호모사피엔스의 역사 중에서 진화 과정에 개입할 수 있는 과학과 기술의 혁명이 일어난 것은 불과 500년 전에 불과하다. 이런 역사를 서술하는 것이 과연 인간존재의 의미를 해명하는 데 어떤 도움이 될까?

내가 좋아할 뿐만 아니라 하이데거에게도 많은 영향을 준 니체의 말이 갑자기 생각난다. 〈비도덕적 의미에서의 진리와 거짓에 관하여〉라는 묘한 제목을 달고 있는 1873년의 미발표 유고는 이렇게 시작한다.

수많은 태양계에서 쏟아부은 별들로 반짝거리는 우주의 외딴 어느 곳에 언젠가 영리한 동물들이 인식이라는 것을 발명해낸 별이 하나 있었습니다. 그것은 '세계사'에서 가장 의기충천하고 또 가장 기만적인 순간이었습니다. 그렇지만 그것도 한순간일 뿐이었습니다. 자연이 몇 번 숨 쉬고 난 뒤 그 별은 꺼져갔고, 영리한 동물들도 죽을 수밖에 없었습니다.[10]

이 우화에서 말하는 별은 두말할 나위 없이 '지구'이고, 이성과 인식을 발명한 영리한 동물은 '인간'이다. 니체의 이 우화는 지구와 인간의 무상함을 담담하게 그리고 있음에도 불구하고 우울하기보다는 오히려 명랑하다. 우리 인간이 이 짧은 찰나의 순간을 지구상에 살아남기 위해서는 '예술'이 필요하고, 진리라는 것도 사실 이 예술이 만들어낸 한 무리의 비유와 상징에 불과하다는 니체의 통찰은 오히려 우리의 삶에 청량감을 불어넣는다.

존재의 의미를 그 누구보다 철저하게 사유한 위대한 철학자 하이데거는 왜 멍청하게 나치즘에 동조했을까? 이 의심을 파고들수록 우리는 존재의 문제와 전혀 관계없어 보이는 '기술'의 문제와 부딪히게 된다. 지구상에 호모사피엔스가 등장해 하루의 마지막 1초 만에 지구를 지배하게 만든 것이 바로 과학과 기술이기 때문이다.

그렇다면 인간의 존재를 사유하고자 하는 어떤 시도도 결코 기술의 문제를 비껴갈 수 없다. 문제는 기술의 발전 과정과 동일시되는 인류의 역사를 바라보는 철학적 태도의 차이다. 인간이 생존을 위해 발전시킨 기술이 인간을 설령 파국으로 몰아갈지라도 우리는 기술을 니체처럼 '명랑하게' 평가할 수도 있고, 하이데거처럼 '비극적으로' 우울하게 바라볼 수도 있다.

하이데거는 철학의 과제가 존재의 의미를 해명하는 것이라고 보았다. 하이데거에게 이러한 존재 사유를 왜곡시키고 불가능하게 만드는 최대의 적은 '기술성'이었다. 하이데거는 존재를 존재로서 드러내는 '사유'와 이를 토대로 인간에게 의미 있는 실존을 가능하게 만드는 본래적 '예술'만이 중요하며, 이러한 능력은 오직 고대의 그리스인과 독일인에게만 주어졌다고 생각한다.

이 무슨 인종주의적 오만이란 말인가? 20세기의 불행과 파국은 모든 서양 사상에 뿌리 깊이 들어 있는 '기술성'과 '계산성'에서 기인한다는 것이 하이데거의 시대 진단이다. 서양의 전통 형이상학에 들어 있는 이러한 경향은 근대에 들어와 특히 데카르트에 의해 강화되었다는 것이다. 그리고 이러한 경향을 구체적 현실에서 실현하고 대변하는 종족은 다름 아닌 '유대인'과 '미국인'이라는 것이다. 이처럼 하이데거의 반유대주의와 반미주의는 그의 철학적 편견에 근거한다.

하이데거는 정말 현대 기술을 부정적으로 평가하는가? 하이데거는 왜 기술을 반대하는가? 이 물음에 관심이 있는 사람은 하이데거가 독일의 저명한 주간지 〈슈피겔(Der Spiegel)〉과 1966년 9월 23일에 인터뷰했지만 그의 요청에 따라 사후인 1976년 5월 31일 발표된 인터뷰를 살펴볼 필요가 있다.

하이데거는 기술에 대한 자신의 입장이 결코 비관론도 낙관론도 아니라고 말하면서 "현대 기술은 무엇보다 도구가 아니며" 또 "우리는 기술의 본질에 부합할 수 있는 방법을 아직 갖고 있지 않다."라는 아리송한 주장을 한다. 지구에서 고도로 기술화된 부분에 살고 있는 서양 사람들은 번영을 누리고 있는데 도대체 무엇이 결여되어 있느냐는 질문에 하이데거는 이렇게 대답한다.

> 모든 것이 잘 작동합니다. 모든 것이 작동을 잘하고, 작동을 잘하면 더 작동을 잘하도록 몰아세우고, 기술이 인간을 점점 더 지구로부터 분리시켜 기반을 상실하도록 만든다는 사실이 무시무시한 일입니다. 난 당신도 이러한 사실에 경악하는지는 모르겠습니다. 그렇지만 나는 달에서 지구를 촬영한 사진을 볼 때마다 놀랍니다. 우리는 원자폭탄을 필요로 하지 않습니다. 인간은 이미 뿌리를 뽑힌 채 존재하고 있습니다. 우리는 오직 순수하게 기술적인 관계만을 갖고 있습니다. 인간이 오늘날 살고 있는 곳은 더 이상 지구가 아닙니다.[11]

하이데거는 20세기 인간이 직면하고 있는 파국과 재앙은 기술의 실패에서 기인하는 것이 아니라 기술의 과다한 성공에서 기인한다고 생각한다. 물론 세계의 철저한 합리화가 새로운 불투명성을 야기한다고 생각한 사람은 하이데거만은 아니다.

하이데거의 신비적이고 애매모호한 사유에 대해 비판적인 입장을 취한—아도르노·호르크하이머·하버마스와 같은—비판 이론가들 역시 현대 기술의 '도구적 합리성'에 회의적이었다. 만약 이런 도구적 합리성을 철저하게 대변하고 실현하는 사람들이 미국인과 유대인이라면, 이들은 존재의 사유에 적일 수밖에 없는 것이다.

하이데거에게 경악할 만한 문제가 되는 것은 바로 '기술적 관계'다.

하이데거는 우리가 우리를 둘러싸고 있는 자연환경 및 우리 자신과 오직 기술적으로만 관계를 맺는다고 말한다. 여기서 우리는 하이데거의 주요 관심사가 '존재'라는 사실에 주목할 필요가 있다.

하이데거에 의하면 우리는 존재와 단지 기술적으로만 관계를 맺는다는 것이다. 만약 기술적 관계가—존재를 있는 그대로 드러내는 대신 은폐하기 때문에—문제가 된다면, 인간과 존재의 바람직한 관계는 과연 무엇인가? 하이데거는 전기부터 후기 철학에 이르기까지 이 물음에 대해서는 아무런 대답도 제시하지 않고 있다. 단지, 그의 존재 사유는 '기술적 관계'만을 집중적으로 겨냥한다.

기술의 본질은 무엇인가

물론 기술이 21세기에 지구 전체를 지배하는 운동이 될 것이라는 하이데거의 통찰은 독창적이다. 그는 나치즘과 공산주의 역시 이러한 맥락에서 파악한다. 이러한 운동들 역시 '지구적 기술(planetarische Technik, planetary technology)'에 의해 규정되어 있다는 것이다. 정치적 이념을 기술의 형이상학적 해석과 결합시키는 이 지점부터 그의 사상은 꼬이기 시작한다고 해도 과언이 아니다. 그 지점을 확인해보자.

그동안에 근대 기술의 전(全) 지구적 운동이 하나의 권력(힘)이 되었다는 사실이 지난 30년간 더 명료해졌을 수 있습니다. 역사를 규정하는 이 권력의 크기는 아무리 과대평가해도 결코 지나치지 않습니다.[12]

인간과 존재의 관계를 근본적으로 바꿔놓으며 동시에 존재의 의미를 은폐하는 기술은 어마어마한 힘을 갖고 있다는 것이다. 기술이 존재를 드러내거나 감출 수 있는 힘을 갖고 있으니 가히 '기술권력'이라고 불러도 지나치지 않다.

이런 맥락에서 기술에 대한 하이데거의 물음은 결국—과학과 기술에 의해 왜곡된—존재에 대한 물음이다. '기술적 관계'라는 하이데거의 표현에서 알 수 있는 것처럼, 기술은 그에게 일차적으로 '존재와의 관계'다. 기술에 관한 그의 성찰이 분명 독창적인 관점을 갖고 있음에도 불구하고, 그의 기술철학이 애매모호한 신비주의에 빠지는 것은 이 때문이다. 하이데거의 기술철학은 다음의 네 가지 명제로 압축될 수 있다.

첫째 명제: "기술은 기술의 본질과 같은 것이 아니다."[13]

둘째 명제: "기술은 단순한 도구가 아니다."[14]

셋째 명제: "기술은 인간의 행위가 아니다."[15]

넷째 명제: "기술은 탈은폐의 한 방식이다."[16]

첫째 명제와 마지막 넷째 명제는 서로 연결되어 있다. 하이데거는 무엇인가가 있는 그대로 드러나는 것을 진리의 사건이라고 이해하면서, 기술은 다름 아닌 현대에서 일어나는 진리의 사건이라고 주장한다. 그렇기 때문에 우리가 피상적으로 접하고 이해하는 기술은 결코 기술의 본질과 같을 수 없다는 것이다. 하이데거가 관심을 갖는 것은 기술의 본질이다.

기술의 본질은 과연 무엇인가? 이 물음에 답하려면 우선 둘째 명제와 셋째 명제를 설명할 필요가 있다. 이는 기술에 관해 가장 상식적이고 가장 보편화된 입장이다. 우리는 대부분 기술을 도구적으로 이해한다. 사람들은 밭을 갈기 위해 쟁기를 사용하고, 경작에 필요한 농수를 얻기 위해 댐을 쌓는다.

기술은 인간이 설정한 목적을 달성하기 위한 수단이다. 그뿐만 아니라 이러한 목적들은 대부분 인간이 설정한 것이고, 이를 성취하기 위해 적합한 수단을 끌어다 사용한다. 이런 점에서 어느 누구도 기술이 인간의 행위라는 점을 부인할 수 없다.

그런데 하이데거는 이렇게 이해하면 결코 기술의 본질을 파악할 수 없다고 주장한다. 기술의 본질은 결코 기술적이지 않다는 것이다. 기술의 본질은—존재를 해석하고 존재와의 관계를 맺는다는 점에서—철학적이고 형이상학적이다.

하이데거에게 기술의 본질에 관해 질문을 던지게 한 당시의 기술을 생각해보자. 1908년에서 1912년 사이에 라인 강 상류의 스위스와 독일 접경 지역인 빌렌에 수력발전소가 건설되었다. 이 기술의 발전을 바라보면서 하이데거는 이렇게 말한다.

> 수력발전소가 라인 강에 세워졌다. 이 수력발전소는 라인 강의 수압을 이용하며, 이 수압으로 터빈을 돌리게 되어 있고, 이 터빈의 회전으로 기계가 돌며, 이 기계의 모터가 전류를 산출해내고, 이 전류를 송출하기 위해 육지의 변전소와 전선 망들이 세워져 있다. 전력 공급을 위한 이처럼 얽히고설킨 맥락에서는 라인 강 역시 무엇을 공급하기 위해 거기 있는 것처럼 나타날 뿐이다.
>
> 수백 년 동안 강 사이를 연결해주던 낡은 목교처럼 사람들이 라인 강

물줄기에 수력발전소를 세운 것이 아니다. 오히려 강 물줄기가 발전소에 맞추어 변조되었다. 그 강은 이제 강으로서 존재하고 있는 그 양상을, 즉 수압 공급자로서 존재하고 있는 것을 볼 때 발전소의 본질에 맞추어 존재하고 있는 셈이다.[17]

여기서 중요한 것은 우리가 수력발전소를 통해 전기를 얻는다는 것이 아니다. 그것은 기술에 대한 도구적 이해일 뿐이다. 하이데거는 수력발전소 기술을 통해 강이 우리에게 드러나는 모습에 주목한다. 강이 강으로서 존재하고 있는 양상이 변하고 있다는 것이다. 인간이 존재와 관계를 맺는 방식이 변한 것이다. 독일의 유명한 시인 프리드리히 휠덜린이 찬미한 예술 작품으로서의 '라인 강'은 사라지고, 그 자리에 전력을 생산하는 발전소로 변조된 '라인 강'이 나타난 것이다.

기술의 본질은 바로 게슈텔이다

하이데거는 이 차이를 드러내기 위해 언어유희를 한다. 독일어로 생각하고 표상하다는 뜻을 갖고 있는 '포어-슈텔렌(vor-stellen)'은 본래 '앞에 세우다'는 의미를 갖고 있다. '무엇인가를 주문하다'는 뜻의 '베-슈텔렌(be-stellen)' 역시 '세우다'는 뜻의 슈텔렌(stellen)을 어간으로 한다. 하이데거에 의하면 인간은 현대 기술을 통해 자연 또는 존재를 자신의 앞에 세워놓으라는 도발적 요청을 받고 있다.

어디에서나 즉시 가까이 지정된 자리에 놓여 있어야 할 것이 요청되고
있으며, 그것도 그 자신 또 다른 어떤 요청에 의해 대비 상태에 있기 위해
서 그렇다. 그렇게 요청된 것은 자신의 독특한 신분을 갖는다. 우리는 그
것을 부품이라고 하자.[18]

자연은 이렇게 언제나 주문될 수 있는 하나의 부품이 되고, 자연을
도발적으로 요청하는 인간 역시 하나의 부품으로 전락한다.

현대 기술이 과거의 생산과는 다르게 자연을 다룬다는 것은 분명
하다. 현대 기술은 자연에 에너지를 내놓으라고 도발적으로 요청하
고, 기계화된 경작 방식은 농토에 무엇을 내놓으라고 강요한다. 하이
데거가 말하는 것처럼 "지구는 이제 한낱 채탄장으로서, 대지는 한낱
저장고로서 탈은폐될 뿐이다."[19]

하이데거는 이렇게 자연과 관계를 맺는 기술의 본질을 '게슈텔
(Gestell)'로 파악한다. 독일어 게슈텔은 본래 '작업대'를 의미하지만,
여기서는 자연을 계산에 의해 확정될 수 있는 방식으로 파악하도록
우리 인간에게 요구하고 동시에 우리는 이런 자연을 일종의 부품으
로 주문 요청하는 방식의 총체를 의미한다. 하이데거에 의하면 기술
의 본질은 바로 게슈텔이다.

여기서 우리는 이 낯선 독일어 단어에 놀라거나 혼란스러워할 필
요가 없다. 하이데거가 중요하게 생각한 것은 수력발전소·트랙터·자
동차·인터넷·원자폭탄·로봇·인공지능과 같은 표면적 기술이 아니
다. 이 기술을 가능하게 만든 것은 이미 존재가 우리에게 기술적 관
계로 드러나게 만든 기술의 본질이라는 점이 핵심이다.

존재가 어떤 방식으로 우리에게 드러나고 나타나는가는 결코 우리 인간의 행위가 아니다. 그것은 마치 운명과 같은 것이다. 하이데거주의자들은 존재 자체가 스스로를 드러내는 역사적 방식을 '역운(Geschick)'이라는 이상한 용어로 규정하면서 인간이 만들어가는 '역사'와 구별한다.

기술이 존재의 운명이라면, 우리는 기술의 위험에 대항하거나 극복할 수 있는 방법이 없다. 우리가 할 수 있는 일이란 존재의 목소리에 귀를 기울이는 것뿐이다. 하이데거는 자연을 오직 부품으로서만 파악하는 인간 자신이 부품의 주문자로서만 존재하게 만드는 현대 기술을 비판하면서도, 결국은 현대 기술의 운명을 수동적으로 받아들일 수밖에 없는 정반대의 결론에 도달한다.

하이데거는 마지막 1초에 불과한 인류의 역사를 너무나 절대화한 것은 아닐까? 기술과 자유로운 관계를 맺으려면 오히려 기술의 본질에 대해 개방적 태도를 취해야 하는 것은 아닐까? "오직 어떤 신만이 우리를 구원할 수 있다."라는 하이데거의 말에 현혹되어 기술의 현실적 위험을 도외시하지 않으려면, 인간이 신이 되려는 마지막 찰나에 하이데거의 말은 근본적으로 재검토되어야 한다.

> 위험스러운 것은 기술이 아니다. 기술의 악마적 마술이란 없다. 그러나 기술의 본질의 비밀은 있다. 기술의 본질은 탈은폐의 한 역운으로서 위험이다.[20]

5 장

비트겐슈타인, 언어를 의심하다

"무릇 말할 수 있는 것은 명료하게 말할 수 있다. 그리고 말할 수 없는 것에 관해서는 우리는 침묵해야 한다."

루트비히 비트겐슈타인,《논리-철학 논고》

언어는 세계를 그대로 묘사하는가

"우리가 아는 모든 것, 단지 쏴쏴 거리고 윙윙 거리는 소리에 속하지 않는 모든 것은 세 낱말로 말해질 수 있다."[1] 루트비히 비트겐슈타인(Ludwig wittgenstein, 1889~1951)은 생전에 출간한 유일한 책인 《논리-철학 논고(Tractatus Logico-Philosophicus)》의 모토로 오스트리아의 비평가이자 문필가인 페르디난트 퀴른베르거의 이 짧은 문장을 앞세운다. 우리는 잘 알지 못하거나 이해할 수 없는 말을 들으면 도대체 무슨 소리를 하는지 모르겠다고 말하면서 이렇게 말하지 않는가?

언제부터 인간이 말을 하게 되었는지는 모르지만 우리 인간은 말할 수 있게 되면서 세상을 해석하고, 상상하게 되고, 상상의 산물인 환상을 통해 사람들을 결집시킬 수 있게 되었음은 분명하다. 인간이란 종, 즉 사피엔스란 동물은 언어 없이는 세계를 이해할 수도 없기에 세계를 정복할 수도 없었다. 약 7만 년 전부터 3만 년 전 사이에 출현한 새로운 사고방식과 의사소통 방식을 가져온 인지혁명은 언어의 출현과 밀접하게 연관되어 있다.

무엇이 언어를 발전시킨 것일까? 이 특별한 종류의 언어는 네안데르탈인이 아니라 호모사피엔스에게 우연히 생겨난 것일까? 인간의 진화 과정에 혁명적인 분기점이 된 호모사피엔스의 언어에 어떤 힘과 능력이 있었기에 인류는 지금 세계를 정복하게 된 것일까? 언어에 관한 철학적 성찰은 모두 사피엔스의 언어를 당연한 것으로 전제하고 그 언어의 결과와 기능에만 초점을 맞추지만, 언어의 탄생이라는 우연적 사건은 이미 언어의 본질에 관해 많은 이야기를 해준다.

우리의 상상력을 최대한 동원하여 라스코 동굴벽화가 그려졌다고 추정되는 1만 7300여 년 전으로 돌아가 보자. 2000여 개의 동물과 인간과 추상적 상징으로 구성된 동굴벽화의 세계가 지금 우리가 사용하는 언어와 별 차이가 없다고 느껴지면, 언어가 처음 탄생되던 7만 년 전으로 타임머신의 방향을 돌려보자.

수많은 사물로 둘러싸여 있는 사피엔스 동물이 이들을 어떻게 불러야 할지 당황하는 모습을 떠올릴 수 있다면, 우리는 언어가 탄생하는 황홀한 순간을 느낄 수 있다. 네안데르탈인과 호모사피엔스를 연구한 어느 책에서 이 순간을 묘사한 문장이 여전히 선명하다. "어느 순간 갑자기 세계가 우리에게 말을 걸어오기 시작했다." 인간은 사물에 '이름'을 붙임으로써 이 요청에 응답하기 시작한 것이다.

김춘수 시인의 〈꽃〉이라는 시를 읽어보면 신비스러운 세상을 마주한 원시인의 감정을 가질 수 있을까? "내가 그의 이름을 불러주기 전에는 / 그는 다만 / 하나의 몸짓에 지나지 않았다. // 내가 그의 이

라스코 동굴벽화

름을 불러주었을 때 / 그는 나에게로 와서 / 꽃이 되었다.”

물론, 유인원과 원숭이 같은 영장류도 목소리를 사용하는 언어를 갖고 있으며, 벌이나 개미 그리고 돌고래도 언어를 구사한다. 그러나 호모사피엔스의 언어는 그 어떤 동물의 언어보다 유연하다. 우리는 제한된 소리와 기호를 연결해 각각 다른 의미를 가진 무한한 문장을 만들 수 있다. 우리는 세계에 대한 막대한 정보를 얻고 저장하고 소통하면서 자신만의 이야기를 만들어낸다. 우리가 사물에 이름을 붙이기 시작하면서 세계는 이제 ‘단순히 쏴쏴 거리고 윙윙 거리는 소리의 세계’와 ‘의미 있는 소리의 세계’로 분화된다.

이렇게 시작한 언어는 세계를 있는 그대로 서술할 뿐만 아니라 다양한 상징과 언어를 통해 인간만의 세계를 창조했다. 계몽주의 철학자 요한 고트프리트 헤르더(Johann Gottfried Herder, 1744~1803)가 《언어의 기원에 관한 논고(Essai sur l'origine des langages)》에서 말한 것처럼, 동물이나 다름없는 수준의 오성을 가진 벙어리, 게다가 자신의 영혼 속에 어떤 말도 떠올릴 수 없다면 그는 가장 슬프고 버림받은 피조물이다.[2]

비트겐슈타인의 언어적 전회

그런데 우리는 정말 언어로 세계를 있는 그대로 묘사하는 것일까? 우리 인간은 이성을 통해 사물을 인식하는 것일까? 무한하고 신비로운 세계를 마주한 원시인의 놀라움을 상상한다면, 우리는 이 물음에 쉽게 긍정적으로 답할 수 없다. 우리가 사물에 이름을 붙이는 순간부터 언어는 사물을 표현하는 것이 아니라 이름을 표현하는 것이고, 이성도 사물을 인식하는 것이 아니라 사물의 특징을 인식하여 이 특징을 말로 표현하는 것인지도 모른다.

이렇게 탄생한 인간의 언어가 발전하여 언어 자체가 철학적 문제를 해결하는 것이 아니라 오히려 야기한다고 인식되는 시대에 비트겐슈타인이 《논리-철학 논고》를 세상에 내놓았다. 모든 철학적 문제는 '언어의 논리에 대한 오해'에서 기인한다는 전제 아래 그는 철학적 문제를 언어-논리적으로 완전히 해결할 수 있다고 주장한다.

이러한 주장은 철학적 문제를 언어적 문제로 환원시킨, 이른바 말하는 '언어적 전회(Linguistic Turn)'를 가져왔으며, 동시에 영미 분석철학의 시초를 이루었다. 비트겐슈타인 이후 철학은 세계를 서술하는 언어적 명제들을 명료하게 분석하는 방법론적 사유로 축소되었으며, 이에 따라 사람들은 서양 전통 철학의 핵심을 이루는 형이상학적·존재론적 신조들을 뒤집어야 한다고 생각한다. 왜냐하면 비트겐슈타인의 언어적 전회는 언어를 고찰함으로써 철학적 문제를 해결하거나 해소하는 것이기 때문이다. 비트겐슈타인이 생전에 이미 살아 있는 신화였기 때문인지, 이러한 평가는 아무런 의심 없이 받아들여지는 것처럼 보인다.

여기서 그 어떤 신화도 믿지 않는 우리는 강렬한 의심을 품게 된다. 언어에 대한 분석적 고찰이 과연 철학적 문제를 해소할 수 있는가? 그들이 해결했다고 믿는 철학적 문제는 도대체 무엇인가? 그리고 비트겐슈타인은 정말 그를 신화화한 추종자들이 생각한 것처럼 단순한 분석철학자에 불과한가? 이 물음에 답하려면 비트겐슈타인의 기본 입장을 알아야 한다. 그는 세계의 사태가 언어와 똑같은 논리적 형식을 갖고 있다고 전제하면서 언어 행위의 기본 형식들을 제시하고자 한다.

> 이 책의 전체적인 뜻은 대략 다음의 말로 요약될 수 있을 것이다. 무릇 말할 수 있는 것은 명료하게 말할 수 있다. 그리고 말할 수 없는 것에 관해서는 우리는 침묵해야 한다.[3]

비트겐슈타인의 언어 비판은 간단히 말해 '말할 수 있는 것'과 '침묵해야 할 것'을 구별하는 것이다. 그는 《논리-철학 논고》의 머리말에서 언어 비판의 목적이 "사유(생각)에 한계를 설정하는 것"이라고 말한다. 그렇지만 사유에 한계를 긋는 것은 결코 생각할 수 있는 것과 생각할 수 없는 것을 구별하는 것을 의미하지 않는다. 만약 그렇다면 우리는 역설적으로 생각할 수 없는 것을 생각할 수 있어야 할 것이기 때문이다.

결국 사유에 한계를 설정한다는 것은 생각한 것, 즉 '사상의 표현'에 한계를 설정하는 것이다. 사상은 오직 언어를 통해 표현될 수 있다면, 사유의 한계를 설정하는 것은 곧 언어에 한계를 긋는 것을 의미한다. 우리는 우리가 생각한 것을 언어로 표현하려 한다. 그렇다면 우리의 사상이 제대로 표현되었는지를 어떻게 알 수 있는가?

비트겐슈타인은 우선 말할 수 있는 것과 말할 수 없는 것을 구별할 줄 알아야 한다고 주장한다. 이제까지의 모든 철학적 문제는 이러한 언어 비판을 제대로 하지 않았기 때문에 발생했다는 것이다. 만약 우리가 말할 수 없는 것을 말하거나 말할 수 있는 것임에도 명료하게 말하지 않았다면, 철학적 문제가 발생한다는 것이다.

언어가 없으면 세계는 존재하지 않는다

우리가 세계를 마주하고 최초로 행하는 언어 행위는 두말할 나위 없이 '이름 짓기'다. 우리와 관계를 맺는 사물들에 이름을 붙이는 행위는 동시에 '관계 맺기'다. 우리가 명명한 이름들을 연결시킴으로써 우리는 세계와 관계를 맺고, 세계를 서술하고 인식한다. 김춘수의 〈꽃〉처럼 우리가 그 이름을 불러주기 전에는 그것은 아무것도 아니었다.

《논리-철학 논고》의 첫 번째 명제는 이 사건을 분명하게 말해준다. "세계는 일어나는 모든 것이다(Die Welt ist alles, was der Fall ist)." 이 명제의 영어 표현은 이렇다. The world is all that is the case. 독일어 낱말 '팔(Fall)'은 '떨어짐'·'사건'·'경우'를 뜻하는 명사로 '떨어지다'·'일어나다'·'일치하다'·'되다'를 뜻하는 동사 '팔렌(fallen)'에서 유래한다. 바깥에 아름답게 피어 있는 붉은색의 꽃이 나에게 말을 걸기 전에는 그저 하나의 몸짓에 불과했다면, 장미라는 이름을 붙여주는 순간 그 꽃은 우리의 눈과 의식에 떨어진다. 이름 짓기는 관계를 맺는 하나의 사건이다.

그들이 그 어떤 대상을 명명하면서 동시에 그 대상 쪽으로 몸을 돌렸을 때, 나는 이것을 보고 그 대상이 그들이 그것을 지시하고자 했을 때 낸 소리에 의해 지칭되었음을 파악했다. 그러나 나는 이것을 그들의 몸짓들, 즉 모든 사람의 자연 언어, 즉 영혼이 그 어떤 것인가를 열망하거나 간직하거나 거부하거나 피할 때에 얼굴 표정과 눈짓에 의해, 손발의 움직임과 목소리의 울림에 의해 영혼의 감정을 나타내는 언어로부터 추측했다.

그렇게 해서 나는 여러 가지 문장들 속의 정해진 자리들에서 되풀이해서 말해지는 것을 내가 들은 낱말들이 어떤 사물들을 지칭하는지 이해하는 법을 점차 배웠다. 그리고 나의 입이 이제 이러한 기호들에 익숙해졌을 때, 나는 그것들에 의해 나의 소망들을 표현해내었다.[4]

비트겐슈타인이 다른 대표작 《철학적 탐구(Philosophische untersuchungen)》의 들머리로 내세운 아우구스티누스의 이 인용문은 인간의 가장 기초적인 언어 행위를 선명하게 표현한다. 우리가 세계의 사물을 명명하는 순간 세계가 우리의 의식 속에 들어온다면, 세계는 인간의 언어 행위와 함께 비로소 존립하게 되는 것이다. 언어가 없으면 세계는 존재하지 않는다. 하이데거 식으로 표현하자면 언어는 '존재의 집'이다.

그렇기 때문에 세계가 언어와 똑같은 논리적 형식을 갖고 있다는 것은 그리 놀라운 일이 아니다. 우리는 모두 "모든 낱말은 의미가 있다."는 사실을 당연하게 받아들이지만, 그것은 사실 놀라운 사건이다. 여기서 비트겐슈타인이 주목하는 언어 행위는 지극히 간단하다. 단지 쇄쇄 거리고 윙윙 거리는 소리에 속하지 않는 모든 것은 세 낱말로 말해질 수 있다고 한 것처럼, 가장 기초적인 언어 행위는 주어에 술어를 연결시키는 '서술 행위(predication)'다. "저것은 꽃이다. 그 꽃은 장미다." 이렇게 말할 때 '꽃'과 '장미'를 연결시키는 행위는 문장을 짓는 서술 행위다.

비트겐슈타인을 철학으로 인도한 철학자이자 논리학자인 고틀로프 프레게(Gottlob Frege, 1848~1925)는 이러한 서술 문장을 두 가지로 구분한다. 하나는 분석적 문장인 'a = a'이고, 다른 하나는 새로운 인식을 표현하는 'a = b'이다. 예컨대 아침에 동쪽 하늘에 뜨는 샛별(a)은 저녁에 서쪽 하늘에 보이는 개밥바라기(b)와 동일한 금성이다.

프레게의 의미론에 의하면, 어떤 대상을 가리키는 모든 표현, 즉 이름은 하나의 '의미'뿐만 아니라 '뜻'을 갖고 있다. 여기서 의미(meaning)는 표시된 대상, 즉 금성이다. 반면, 이 대상이 주어지는 방식에 따라 그 뜻(sense)은 샛별일 수도 있고 개밥바라기일 수도 있다. 프레게는 어떤 문장과 명제의 뜻은 사고 속에 있지만, 그 의미는 주장된 내용이 참이거나 거짓일 수 있는 상황에 있다고 주장한다.

말할 수 없는 것에 관해서는 침묵해야 할까

비트겐슈타인은 이러한 명제논리를 발전시켜 언어 비판 이론을 정립한다. 그는 이러한 논리학을 러셀로 거슬러 올라가는 논리적 원자론과 결합한다. 이 이론에 의하면 세계의 사실은 더 이상 분해될 수 없기 때문에 원자적이라고 할 수 있는 요소 사실로 구성되어 있다. 그러므로 이 원자적 요소 사실이 논리적으로 구성된 세계의 구조는 언어의 차원에서 요소 명제가 논리적으로 구성된 명제의 구조와 일치한다는 것이다. 비트겐슈타인은 이러한 사상을 신비로운 숫자라고 할 수 있는 일곱 개의 명제로 서술한다.

1. 세계는 일어나는 모든 것**이다.**
2. 일어나는 것, 즉 사실은 사태들의 존립**이다.**
3. 사실들의 논리적 그림이 사상**이다.**
4. 사상은 뜻이 있는 명제**이다.**
5. 명제는 요소 명제들의 진리 함수**이다.**(요소 명제는 자기 자신의 진리 함수이다.)
6. 진리 함수의 일반적 형식은 $[p, \xi, N(\xi)]$**이다.**
7. 말할 수 없는 것에 관해서는 침묵해야 한다.

일곱 번째 명제를 제외하고는 모든 명제가 '이다'로 연결되어 있다. "A는 B이다."는 모든 언어 행위의 기본 형식이다. 여기서 A는 설명되어야 하는 것이라면, B는 설명하는 것이다. 비트겐슈타인은 앞 명제의 설명하는 것이 뒤따르는 명제에서는 설명되어야 하는 것으로 서술함으로써 인간의 언어 행위 전체를 논리적으로 설명한다.

첫 번째 명제와 두 번째 명제는 세계와 연관 있고, 세 번째 명제는 이 세계를 사유하는 사상과 관련이 있으며, 네 번째 명제는 이 사상의 언어적 표현을 서술한다. 이러한 순서는 마치 전통 철학의 순서를 따르는 것처럼 보인다. 먼저 세계가 존재하고(존재론), 세계를 인식하는 사상이 있고(인식론), 그리고 이 사상을 표현하는 언어가 뒤따른다(언어론).

그러나 우리는 여기서 원시인이 세계에 이름 붙이는 순간을 상기할 필요가 있다. 비트겐슈타인의 언어적 전회는 간단한 명제로 표현된다. "우리는 사실들의 그림을 그린다(2.1. We make to ourselves pictures of facts)."[5] 우리가 이름을 붙이고 문장을 만드는 순간 우리는 세계에 대한 그림을 그린다. 간단히 말해 세계가 먼저 존재하고, 그것을 인식하고 난 다음에 비로소 언어로 표현하는 것이 아니다. 이름 짓기와 문장 서술의 언어적 행위의 순간에 세계가 비로소 존재하고 동시에 사상이 생겨나는 것이다. 이것이 언어적 전회의 핵심적 내용이다.

다섯 번째와 여섯 번째 명제는 '명제'의 일반적 형식을 다룬다. 비트겐슈타인에 의하면, 모든 의미 있는 명제는 참과 거짓을 판단할 수 있는 명제들이다. 참과 거짓을 판단할 수 없는 형식으로 서술된 명제들은 의미 없거나 무의미한 명제들이다. 세계에 관해 어떤 내용도 말해주지 않는 명제들은 철학적으로 문제 있는 명제들이라는 것이다.

> 말해질 수 있는 것, 그러므로 자연과학의 명제들—그러므로 철학과는 아무 상관이 없는 어떤 것—이외에는 아무것도 말하지 말고, 다른 어떤 사람이 형이상학적인 어떤 것을 말하려고 할 때는 언제나, 그가 그의 명제들 속에 있는 어떤 기호들에다 아무런 의미도 부여하지 못했음을 입증해주는 것, 이것이 본래 철학의 올바른 방법일 것이다.[6]

그렇다면 우리는 세계에 관해 오직 '과학적'으로만 말해야 하는 것인가? 여기에서 치솟는 강렬한 의심은 이 세계를 지배하는 과학적 태도와 뒤섞인다. 이 세계가 우리에게 의미 있게 다가오도록 만든 '이름 짓기'라는 최초의 언어 행위가 과연 과학적이었던가?

이런 질문은 결국 《논리-철학 논고》의 마지막 문장에 걸린다. "말할 수 없는 것에 관해서는 침묵해야 한다." 우리가 과학적으로 명료하게 말할 수 없는 것, 참과 거짓을 판단할 수 없지만 의미 있는 것, 우리가 침묵해야 하는 것에 관해 말하는 것이 지금은 오히려 더 의미 있는 언어 행위가 아닐까? 왜냐하면 비트겐슈타인이 고백하는 것처럼 과학이 삶의 의미를 해명해주지 못하기 때문이다.

> 비록 모든 가능한 과학적 물음들이 대답되어 있다 해도, 우리는 우리의 삶의 문제들이 여전히 조금도 건드려지지 않은 채로 있다고 느낀다.[7]

"나의 언어의 한계들은 나의
세계의 한계들을 의미한다."

루트비히 비트겐슈타인, 《논리-철학 논고》

언어로 표현할 수 없는 세계는 무엇인가

우리는 살아가면서 의미 있는 말보다는 의미 없는 말을 훨씬 많이 쏟아내는 것 같다. 만약 비트겐슈타인이 말하는 것처럼 어떤 사물과 그것에 붙여진 이름이 항상 일치한다면, 우리의 언어 행위는 오해의 여지없이 명료할 것이다. 그런데 이해하는 말보다는 오해하는 말이 더 많은 까닭은 도대체 무엇 때문일까?

인간의 언어 행위가 세계의 사물에 이름 붙이기로 시작했다면, 처음에는 이름이 몇몇에 불과했을 것이다. 삶과 생존에 필수적인 사물들에 국한되었던 낱말 수는 점점 늘어나 오늘날 영어 어휘 수는 100만 개를 넘어섰다고 한다. 국립국어원의 《표준국어대사전》에 수록된 한글 단어 수도 대략 51만 개가 된다고 한다. 이 사전에 들어 있는 어휘로 표현되는 세계가 우리의 세계라고 해도 과언이 아니다.

이러한 비트겐슈타인의 인식은 궁금증을 자아낸다. **우리는 과연 세계의 모든 사물에 이름을 붙일 수 있을까?** 만약 그럴 수 없다면, 우리가 언어로 표현할 수 없는 세계는 우리에게 어떤 의미를 가질까?

언어로 표현할 수 없는 세계의 의미

비트겐슈타인은 물론 《논리-철학 논고》에서 단호한 어조로 이런 의심을 용납하지 않는다. "우리가 생각할 수 없는 것을 우리는 생각할 수 없다. 그러므로 우리는 또한 우리가 생각할 수 없는 것을 말할 수도 없다."[8] 우리가 이름 붙일 수 없는 세상은 머릿속에 그려볼 수도 없기 때문에 아무런 의미가 없다는 것이다.

그런데 우리는 구체적 현실 속에 존립하지 않는 추상적 이념에도 이름을 붙이고, 어떤 경우에는 이름과 사물을 헷갈려 한다. 어쩌면 우리는 이름을 붙일 수 없는 것, 다시 말해 말할 수 없는 것에 관해 더 말하고 싶어 하는 강렬한 욕망을 갖고 있는지도 모른다.

프랑스의 작가 장 타르디외가 서술한 것과 같은 상상의 세계를 그려보자. 어느 날 갑자기 이상한 전염병이 돌아 사람들이 말을 뒤바꾸어 사용한다. 마치 운명에 맡기고 그 말을 자루에서 뽑아내듯이 '시계'를 책상이라 부르고, '벽'을 시계로 뒤바꿔 부른다. '책상이 시계에 걸려 있다.' 아무도 이해하지 못하는 말들이 떠돌아다닌다.

비트겐슈타인이 주장하는 것처럼 언어는 정말 세계를 있는 그대로 그릴 수 있을까? 우리는 종종 아무 말도 하지 않기 위해서 말하지 않는가. 무언가 할 말이 있는 경우에도 우리는 수천 가지 다양한 방식으로 말할 수 있다. 사람들 간의 교제에서 몸의 움직임, 목소리나 얼굴 표정이 말보다 더 많은 것을 말한다. 말 자체에는 우리가 부여한 것 외의 다른 의미가 없다. **그렇다면 우리가 말할 수 없는 것이 말할 수 있는 것보다 훨씬 더 많이 세계에 관해 말해주는 것은 아닌가?**

물론 말할 수 없는 것에 관한 우리의 말이 명료하지 않을 수 있다. 말할 수 없는 것에 관한 말은 오히려 애매모호해서 철학적 문제를 야기할 수도 있다. 여기서 비트겐슈타인은 "철학은 이론과 학설이 아니라 일종의 활동"이라고 강조하면서 말할 수 있는 것과 말할 수 없는 것을 구별함으로써 "흐리고 몽롱한 사고들을 명료하게 하고 선명하게 경계 지어야"⁹⁾ 한다고 제안한다.

그렇다면 철학 사상의 경계선을 뚜렷하게 설정하려면 두 가지 접근 방식이 있을 수 있지 않을까? 하나는 비트겐슈타인의 제안처럼 말할 수 있는 것을 명료하게 말하고 말할 수 없는 것에 관해서는 침묵하는 방법이고, 다른 하나는 말할 수 없는 것을 기술함으로써 말할 수 있는 것의 경계가 드러나도록 하는 방법이다. 전통적 의미에서 전자의 방법이 '과학적'이라면 후자의 방법은 '철학적'이다.

세상에는 말할 수 있는 것만 있는 것은 분명 아니다. 비트겐슈타인은 우리가 사용하는 말(명제)을 세 가지로 구분한다. '의미 있는(sinnvoll) 명제', '의미 없는(sinnlos) 명제', 그리고 '무의미한(unsinnig) 명제'.

어떤 대상을 가리키거나 사정이 어떠한지를 보여주는 명제는 모두 의미 있는 명제다. "창밖에 나무 한 그루가 서 있다." "저것은 느티나무이다." "바깥에 비가 내린다." 이런 말은 모두 참 또는 거짓으로 판명될 수 있는 명제들이다.

무엇을 말하는지를 분명히 보여주는 의미 있는 명제들과는 달리 아무것도 말해주지 않는 명제들도 있다. 예컨대 무조건 참인 '동어반복'이나 어떤 조건에서도 참이지 않은 '모순'은 의미 없는 명제들이다. "비가 오거나 비가 오지 않는다." "그는 결혼한 총각이다."

항상 참이거나 항상 거짓인 명제들은 사실 아무것도 말하지 않는다. 논리적인 틀 안에서 구별되는 의미 있는 명제와 의미 없는 명제는 커다란 문제가 되지 않는다.

> 동어 반복과 모순은 현실의 그림이 아니다. 그것들은 어떤 가능한 상황도 묘사하지 않는다. 왜냐하면 전자는 모든 가능한 상황을 허용하며, 후자는 어떤 가능한 상황도 허용하지 않기 때문이다.[10]

문제는 무의미한 명제들이다. 우리가 보다 나은 세상을 꿈꾸며 내뱉는 말들은 모두 무의미한 말들이다. 폭력, 사랑, 정의. 이런 말들이 지시하는 대상은 존재하지 않는다. "너의 이웃을 너 자신처럼 사랑하라." 기독교의 최고 가치를 서술하는 이 문장을 구성하는 낱말에는 현실과 일치하는 것이 없다. 무의미한 문장이다.

비트겐슈타인에 의하면 "이름은 대상을 의미하고, 대상은 이름의 의미다."[11] 그러나 구체적 현실 속에는 '사랑'이라는 이름이 지시하는 대상이 존재하지 않는다. 윤리적 명제들은 현실과 사실을 서술하는 것이 아니라 이러저러해야 한다고 규정하는 규범적 명제들이다. 그렇기 때문에 비트겐슈타인은 "윤리학이 서술될 수 없다는 것은 분명하다."라는 결론에 도달한다. "윤리학은 초월적이다. 윤리학과 미학은 하나이다."[12] 비트겐슈타인 자신도 이 말 역시 무의미한 명제들이라는 사실을 잘 알고 있다.

철학적 성찰은 모두 허튼소리인가

여기서 우리는 '의미 있는', '의미 없는', 그리고 '무의미한'의 독일어 낱말에 주목할 필요가 있다. '의미'에 해당하는 독일어 낱말은 '진(Sinn)'이다. 감각, 감관, 감수성, 마음, 심성, 그리고 의미와 같이 다양한 뜻을 갖고 있는 낱말이다. 영어의 '센스(Sense)'에 해당한다. 세상을 있는 그대로 묘사하는 감각일 수도 있고 말할 수 있는 것의 경계를 넘어서는 것, 즉 초월적인 것을 예리한 촉수로 느끼고 보여주는 감각일 수도 있다.

언어로 표현될 수 있는 세계를 넘어서는 것을 서술하는 명제들은 모두 '무의미한 명제'들이다. 독일어로 부정을 뜻하는 접두사가 붙어 '운진(Un-sinn)'이라 부르고, 영어로 '난센스(Nonsense)'라고 한다. 세계에 대한 철학적 성찰은 모두 말도 되지 않는 허튼소리에 불과한 것인가? 최근 세계 문단의 주목을 받은 한강의 《채식주의자》에 나오는 한 구절을 읽어보자.

> "난 몰랐거든. 나무들이 똑바로 서 있다고만 생각했는데⋯⋯. 이제야 알게 됐어. 모두 두 팔로 땅을 받치고 있는 거더라구. 봐, 저거 봐, 놀랍지 않아?" 영혜는 벌떡 일어서서 창을 가리켰다. "모두, 모두 다 물구나무서 있어."[13]

폭력과 잔인함으로 가득한 식육 세계를 거부하고 식물이 되어가는 영혜의 시각으로 바라본 세계는 그야말로 난센스이다. 우리의 꿈이 현실 세계의 의미를 파열시키는 것도 난센스이고, 사랑의 공동체인 가족의 공간에서 바로 폭력과 잔인함이 일어난다는 것도 난센스이다. 여기서 이 작품을 해석하려 애쓸 필요는 없다. 우리는 현실 속에서 현실을 벗어나려 "나무가 물구나무서 있다."라는 식의 숱한 허튼소리를 하며 살아간다. 꿈을 꾸는 한 현실과 불화하며 말도 되지 않는 말을 한다.

비트겐슈타인의 말 자체가 난센스이다. 비트겐슈타인이 말할 수 있는 것에 관한 논리적 명제만을 강조했다고 생각하는 오해처럼 멍청한 짓도 없다. 그의 언어 비판이 말할 수 있는 것과 말할 수 없는 것을 구별하는 것이라면, 말할 수 없는 것은 말할 수 있는 것과 똑같은 비중을 차지한다. 그는 《논리-철학 논고》를 마무리하면서 스스로 이렇게 말한다. "나를 이해하는 사람은 결국 나의 명제들을 무의미한 것으로 인식한다." 사다리를 딛고 올라간 후에는 그 사다리를 던져버려야 하는 것처럼 "자신의 명제들을 딛고서, 자신의 명제들을 넘어올라가"[14]라고 권유한다. 도가 철학자처럼 말하는 비트겐슈타인의 무의미한 명제들 몇 개를 음미해보자.

1. 주체는 세계에 속하지 않는다. 그것은 오히려 세계의 한 경계다.
2. 세계의 의미는 세계의 바깥에 놓여 있어야 한다.
3. 세계가 어떻게 있느냐가 신비스러운 것이 아니라 세계가 있다는 것이 신비스러운 것이다.
4. 실로 말로 표현할 수 없는 것이 존재한다. 이것은 나타난다. 그것이 신비스러운 것이다.[15]

비트겐슈타인 스스로 무의미한 명제들이라고 평가한 이 말들이 오히려 생각할 거리를 더 많이 제공하지 않는가? 이렇게 생각하는 사람은 과학적 명제보다는 허튼소리를 더 좋아하는 인문학자임이 틀림없다. 과학과 기술이 지배하는 시대에 인문학을 갈망하는 것도 난센스이지만, 인문학을 갈망하면서도 무의미한 인문학적 명제들만을 교양으로 소비하는 것도 난센스이다. 이런 난센스를 극복하려면, 비트겐슈타인의 충언을 받아들여 그가 말한 무의미한 명제들을 딛고 일어서야 하지 않을까? 그것은 바로 위의 무의미한 명제들의 의미를 찬찬히 음미하는 길이다.

말할 수 없는 것에 관해 말하는 법

이 시대를 지배하는 과학과 기술은 주체가 세계에 속할 뿐만 아니라 세계를 지배할 수 있다고 믿는다. 자신이 지배할 수 있는 세계를 가진 자만이 진정한 주체라고 인식되는 세계에 비트겐슈타인의 말은 우리에게 무엇을 보여주는가? "주체는 세계에 속하지 않는다. 그것은 오히려 세계의 경계다." 우리가 보는 것이 다가 아니라는 것이다.

이러한 사실을 보여줄 수 있는 시각이 진정한 인문학이다. "나의 언어의 한계들이 나의 세계의 한계들을 의미한다면",[16] 나의 언어로 그려지는 세계의 안에는 가치가 존재하지 않는다. 거기엔 사실만이 있을 뿐이다. 가치를 찾으려면 우리의 세계 바깥을 볼 줄 알아야 한다. 그래서 "세계의 의미는 세계의 밖에 놓여 있지 않으면 안 된다."

21세기 과학·기술 시대를 살아가는 우리는 더 이상 세계를 신비롭게 바라보지 않는다. 세계가 어떻게 있는가에만 관심을 갖기 때문이다. 우리가 살고 있는 '이' 세계가 존재한다는 사실 자체가 신비롭다는 비트겐슈타인의 무의미한 말이 의미 있게 다가온다면, 이 세상에는 말로 표현할 수 없는 것이 존재한다는 것을 우리가 막연하게나마 느끼기 때문일 것이다.

비트겐슈타인을 천천히 읽으면 비트겐슈타인이 변신을 한다. 과학적 언어학자에서 신비주의적 철학자로. 《논리-철학 논고》의 마지막 말도 다르게 들린다. "말할 수 없는 것에 관해서는 침묵해야 한다." 말할 수 없는 것, 표현할 수 없는 것을 성찰하고 서술하는 인문학자들이 글자 그대로 침묵한다면, 이 세상은 역설적으로 과학자와 기술자의 세계가 될 것임이 틀림없다.

인문학자들은 오히려 말해야 한다. 말할 수 없는 것에 관해 말할 수 있는 법을 찾아야 한다. 비트겐슈타인은 이렇게 무의미한 말을 하는 것은 (논리적으로) '말하는 것(sagen, speak)'과는 달리 (비유적으로) '보여주는 것(zeigen, show)'이라고 표현한다.

우리는 이 세상을 어떻게 보여줄 것인가? 이 세상에는 다양한 종류의 말이 있고, 다양한 종류의 세계가 있다. 우리가 세계를 바라보는 시각이 다양해질수록 우리의 말도 다양해진다. 그런데 과학과 기술이 지배하고 자본주의가 전 세계를 식민지화한 지금, 우리의 시각과 언어는 어떻게 되어가고 있는가? 사람들은 점점 더 세계를 논리적으로 설명하고, 논리적으로 설명될 수 없는 세계는 아무런 의미가 없다고 생각하는 것처럼 보인다.

비트겐슈타인이 언어 사용 맥락에 따라 의미가 바뀔 수 있음을 보여주기 위해
사용한 '토끼-오리 머리(duckrabbit)'. 《철학적 탐구》, 2부, xi, 343~344쪽.

지금 불고 있는 인공지능 광풍은 우리의 의식마저 수학적 언어인
알고리즘으로 설명하려 한다. 우리가 살고 있는 세계를 바라보는 언
어가 다양성을 잃고 획일화되면, 우리의 삶의 형태 역시 규격화된다.

언어와 삶, 그리고 사회

후기 비트겐슈타인의 '언어 놀이' 이론은 우리의 삶과 직접 연관된
언어 행위를 조명한다. 흔히 《논리-철학 논고》로 대변되는 전기 비트

겐슈타인은 명제와 세계 사이의 논리적 관계를 설명하고자 했다면, 《철학적 탐구》로 대변되는 후기 비트겐슈타인은 언어와 세계가 분리되었다는 가정을 비판하면서 낱말의 의미는 오직 구체적 상황 속의 사용을 통해서만 정의될 수 있다고 주장한다.

이러한 시각의 전환은 물론 낱말의 의미가 논리적으로 명료하게 정의될 수 있다는 초기 입장의 후퇴를 의미하지만, 우리는 전기와 후기의 입장이 근본적으로 변화했다고 생각하지는 않는다. 굳이 차이를 찾자면, 전기 비트겐슈타인은 말할 수 있는 것을 명료하게 규정함으로써 말할 수 없는 것의 한계를 설정했다면, 후기 비트겐슈타인은 말할 수 없는 것에 관한 다양한 언어 놀이를 서술함으로써 논리적 언어의 한계를 드러내고자 했다고 할 수 있다.

> 그러나 얼마나 많은 종류의 문장들이 존재하는가? 가령 주장, 물음, 그리고 명령?—이런 종류는 무수히 많다. 우리가 '기호들', '낱말들', '문장들'이라고 부르는 모든 것의 무수히 많은 상이한 종류의 사용이 존재한다. 그리고 이 다양성은 고정된 것, 딱 잘라서 주어진 것이 아니다. 오히려 언어의 새로운 유형들, 새로운 언어 놀이들이라고 말할 수 있는 것들이 생기고, 다른 것들은 낡은 것이 되어 잊힌다. …… '언어 놀이'란 낱말은 여기서 언어를 말하는 것이 어떤 활동의 일부, 또는 삶의 형태의 일부임을 부각시키고자 의도된 것이다.[17]

어린아이가 모국어를 배우는 과정을 지켜본 사람이라면 아이들이 낱말 놀이를 통해 낱말을 사용함으로써 그 뜻을 알게 된다는 점을 잘 알고 있다. 여기서 비트겐슈타인의 '언어 놀이(Sprachspiel, Language-game)' 이론을 체계적으로 설명할 생각은 없다. 또 그럴 필요도 없다. 우리의 의심과 호기심을 자아내는 것은 위 인용문의 마지막 문장이다. 이 문장은 두 명제로 표현될 수 있다. (1) 언어를 말하는 것은 어떤 활동의 일부(part of an activity)이다. (2) 언어를 말하는 것은 일종의 삶의 형식(a form of life)이다.

우리 모두는 자신만의 언어를 갖고 싶어 한다. 자신만의 언어를 갖는다는 것은 그것으로 그려볼 수 있는 자신만의 세계를 갖는다는 것을 의미한다. 이런 의미에서 언어를 말하는 특정한 형식, 즉 어법은 한편으로는 세계관을 의미하며, 다른 한편으로는 어떻게 살 것인가에 관한 대답의 일종으로서 삶의 형식을 의미한다.

우리는 이런 종류의 언어 사용을 결코 논리적으로 설명할 수 없다. "당신은 왜 그런 삶의 형식을 선택했습니까?" 이런 질문에 우리가 논리적인 대답을 할 수 없는 것처럼, 우리는 삶을 살아가면서 특정한 방식으로 말을 하고 또 그렇게 특정한 삶의 형식을 발전시킨다.

우리는 언어를 갖고 놀이를 함으로써 살아간다. 그렇지만 언어 놀이는 결코 진공상태에서 이루어지는 것이 아니다. 언어 행위가 이루어지는 상황은 항상 특정한 사회적 관계의 네트워크를 표현한다. 상황이 바뀌면 언어 행위의 의미도 변화하지만, 언어 놀이의 규칙이 변화하면 결국 사회적 연관도 변화한다.

'배신의 정치'라는 언어 놀이에서 배신이 갖고 있는 의미를 생각해 보라. '배신'이라는 낱말을 사용하는 사회적 연관 관계는 결국 충성 또는 의리를 중시하는 비민주적 권위주의를 가리킨다. 이러한 언어 놀이에서 "헌법보다는 인간관계가 먼저이다."라는 명제가 거리낌 없이 발언되는 상황은 단지 정치적 게임만을 표현하는 것이 아니다. 이러한 언어 사용은 '세계를 어떻게 바라보는가?' 하는 세계관과 '어떤 삶을 살 것인가?' 하는 삶의 형식의 차이를 극명하게 드러낸다.

비트겐슈타인을 읽으면 이런 생각이 저절로 든다. 우리는 말을 너무 쉽게 하는 것은 아닌가? **말을 쉽게 함으로써 우리의 삶을 너무 쉽게 대하는 것은 아닌가?**

우리는 오직 전투에서의 명령들과 보고들로만 이루어진 어떤 한 언어를 쉽게 상상할 수 있다. 또는 오직 물음들과 긍정 및 부정의 표현으로만 이루어진 어떤 한 언어를. 그리고 다른 무수한 언어들을.—그리고 어떤 하나의 언어를 상상한다는 것은 어떤 하나의 삶의 형식을 상상하는 것이다.[18]

6장

호르크하이머·아도르노,
계몽을 의심하다

"신화가 이미 계몽을 수행하는 것처럼 계몽은 매 단계마다 더욱더 깊이 신화 속으로 빠져들어간다."

막스 호르크하이머·테오도어 아도르노, 《계몽의 변증법》

1.
기술의 진보는 행복을 가져다주는가

지금 '인공지능'이라는 신화가 만들어지고 있다. 2016년 3월 구글 딥마인드가 개발한 인공지능 바둑 프로그램인 알파고(AlphaGo)가 세계 최상위 수준급의 바둑기사인 이세돌 9단과의 공개 대국에서 대부분의 예상을 깨고 최종 전적 4승 1패로 승리해 세계를 놀라게 했다. 이사건 이후 인공지능을 SF영화 속에서나 나오는 상상의 산물이라고 막연하게 생각했던 사람들은 공포와 당혹감을 느끼고 있다.

사람들은 무엇을 두려워하는가? 로봇이 인간의 신체적 노동을 대신하고 인공지능이 인간의 마지막 영역인 정신 활동마저 빼앗아간다면 인간이 결국 쓸모없어진다는 공포감이 만연하고 있다.

인공지능은 미래학자들의 예측처럼 30~40년 후 거의 모든 직업에서 인간을 몰아낼 것으로 보이며, 설령 새 직업이 생긴다고 하더라도 인공지능이 그 일도 더 잘하게 될 것이다. 한 치 앞을 내다볼 수 없을 정도로 질주하는 과학과 기술은 인간의 존재 가치마저 의심케 하는 단계까지 발전한 것이다.

기술의 진보는 인간의 진보인가

인간은 행복을 실현할 수 있는 이상 사회를 상상하고 미래를 예측하기 위해 지능을 사용한다. 진화 과정에서 뇌가 발생한 가장 기본적인 이유는 미래를 상상하고 예측해야 할 필요성 때문이라고 해도 과언이 아니다. 인간이 보다 나은 사회를 만들기 위해 '인공지능'을 상상했다고 한다면, 이 상상이 현실이 될 수 있다는 사실이 왜 우리를 두렵게 만드는 것일까?

인간이 알 수 없는 신을 믿기보다는 자신의 지능을 믿기 시작하고부터 미래에 실현될 수 있는 '유토피아'와 이를 향해 달려가는 '진보' 사상은 현대사회와 역사를 움직이는 두 축이었다. 인간은 더 영리해지고, 문명은 더 진보하고, 삶은 더 좋아진다. 모든 사람이 더 행복해진다는데, 거기에 무슨 문제가 있단 말인가? 많은 사람이 인공지능으로 대변되는 미래의 기술이 우리의 삶과 사회를 근본적으로 바꿔놓을 것이라는 것을 믿어 의심치 않는다. 사람들은 한편으로는 미래에 펼쳐질 미지의 세계를 두려워하면서도, 다른 한편으로는 그것이 어떤 결과를 초래하든 기술의 진보를 당연한 것으로 받아들인다.

초등학생에서 노인에 이르기까지 '인공지능'과 이를 표현하는 영어 단어 AI(Artificial Intelligence)를 익숙하게 사용할수록 우리는 기술의 진보에 무방비 상태로 내맡겨진다. 우리를 불편하게 하는 것은 바로 기술의 진보가 곧 인간의 진보라고 생각하는 이데올로기다.

인공지능의 출현과 그 결과를 회의적으로 바라보는 몇몇 인문주의자들은 상상하고 인지하는 능력은 사람에게만 있기 때문에 의식이 없는 인공지능이 인간을 대체하는 일은 일어나지 않을 것이라고 말하지만, 과학과 기술의 진보에 의한 인공지능의 '신화'는 엄청난 영향력을 발휘하고 있다.

이 새로운 신화의 내용을 한 걸음 더 들어가 보자. 이 신화에 의하면, 뇌가 어떻게 작동하는지 이해하면 우리의 의식과 정체성을 이해할 수 있을 뿐만 아니라 인간 지능보다 10억 배 뛰어난 성능을 발휘할 수 있는 인공지능을 만들 수 있다고 한다. 이렇게 되면 역사 발전의 다음 단계에서는 기술적 영역에서뿐 아니라—인간이 개입하거나 침해할 수 없는 자연의 최고 영역인—마음과 정체성에도 근본적인 변형이 일어나게 된다.

2030년대 말에는 우리의 마음과 의식을 컴퓨터에 업로드하여 저장할 수 있고, 2045년대에는 인간의 뇌와 클라우드 인공지능을 무선으로 연결할 수 있게 되어, 인간의 지능은 10억 배 증가한다고 주장하는 레이 커즈와일(Ray Kurzweil, 1948~)의 신화와 같은 말을 들어보자.

> (뇌를 리버스 엔지니어링하는) 이 프로젝트의 목표는 인간의 뇌가 어떻게 작동하는지 정확하게 이해하고, 그다음 이렇게 밝혀진 사실을 바탕으로 우리 자신에 대해 더 잘 이해하고, 필요한 경우 뇌를 수리하고, 마지막으로 더 뛰어난 지능기계를 만드는 것이다.[11]

과학과 기술을 통해 인간을 이해할 수 있을 뿐만 아니라 더 나은 인간을 만들 수 있다는 이러한 주장은 '과학적 신화'로 불릴 수 있다. 인간의 고유한 영역으로 여겨진 마음과 의식, 그리고 정체성이 뇌에 있다고 전제하는 과학자들은 엑스레이, MRI와 같은 비파괴검사를 통해 뇌를 들여다볼 수 있는 첨단 기술을 발전시켰다.

추상성의 수준을 높이는 방향으로 진행된 진화의 정점이라고 할 수 있는, 뇌를 분해하여 그 구조를 들여다보고 이를 바탕으로 훨씬 더 성능이 좋은 인공지능을 만들 수 있는 기계적 알고리즘을 구현해낸 기술이 발전되고 있는 것이다. 이렇게 인공지능이란 과학적 신화는 자연의 한계를 뛰어넘는 기술적 진화를 꿈꾸고 있다.

우리는 이러한 신화를 믿고 과학과 기술에 의해 움직이는 진보의 과정에 우리 자신을 내맡겨야 하는 것인가? 인간의 지능보다 10억 배 뛰어난 성능을 발휘하는 인공지능을 가진 사람들도 여전히 인간인가? '인간적'이라는 용어 자체에 의문을 품게 만드는 기술 진보가 정말 인간에게 행복을 가져다줄 것인가?

이러한 질문이 여전히 의미 있게 다가온다면 프랑크푸르트학파 비판이론가들인 막스 호르크하이머(Max Horkheimer, 1895~1973)와 테오도어 아도르노(Theodor W. Adorno, 1903~1969)의 대표 저작《계몽의 변증법(Dialektik der Aufklärung)》은 생각할 거리를 많이 던져준다. 이 책은 미국 로스앤젤레스 망명 시기에 완성되었지만 마르크스주의적 용어를 부담이 적은 표현으로 약간 수정한 후 1947년 네덜란드 퀘리도(Querido) 출판사에서 출간되었다. 인류 역사상 나치즘이라는 최초의 전체주의 정권과 인류를 파멸시킬 수 있는 히로시마 원자폭탄을 경험한 저자들의 철학적 성찰은 처음부터 끝까지 하나의 의심을 붙들고 늘어진다. **"왜 인류는 진정한 인간적인 상태에 들어서기보다 새로운 종류의 야만상태에 빠졌는가?"** [2]

인류를 이 지구의 주인으로 만든 것은 두말할 나위 없이 '계몽(啓蒙, Aufklärung, Enlightenment)'이다. 계몽은 이성의 빛을 통해 세상을 밝히는 것을 의미한다. 칸트가 간단히 정의한 것처럼 "계몽이 스스로 책임이 있는 미성숙의 상태로부터 탈출하는 것"이라면, 인간은 보다 나은 사회를 실현하기 위해 무엇보다 계몽을 필요로 한다.

사람들은 계몽이라는 낱말을 들으면 세계를 '분명하고 명료하게(clare et distincte)' 인식하고자 하는 데카르트 사상과 '지식이 힘'이라는 베이컨의 명제로 대변되는 근대 계몽주의를 떠올리지만, 계몽은 사실 인류 문명을 발전시킨 핵심 동력이라고 해도 과언이 아니다. 서양의 고대 문명이 신화에서 벗어남으로써 시작되었다면, 계몽의 이성은 신화와 대립적인 것으로 파악되었다. 미토스(Mythos)를 극복하는 것이 바로 로고스(Logos)이다. 그렇다면 호르크하이머와 아도르노는 왜 인류의 지능과 문명을 발전시킴으로써 인간을 세계의 주인으로 우뚝 세워놓은 계몽에 의심을 품는 것인가? 인간이 계몽되면 될수록 더욱더 깊이 신화 속으로 빠져 들어가 새로운 종류의 야만상태와 직면하게 된다는 것은 도대체 무슨 말인가?

인류 문명이 계몽의 과정이라면 우리는 '전체주의'와 '원자폭탄' 역시 계몽의 결과라는 사실을 인식해야 한다. 그것이 계몽의 과정에서 나타난 단순한 우연적 사건이라고 해도 문제는 간단치 않지만, 허무주의가 서양 형이상학의 완성이라는 니체의 정신을 받아들여 호르크하이머와 아도르노는 이러한 야만적 상태가 계몽의 필연적 결과라고 생각한다.

계몽은 인간에게 진보를 가져오지만 동시에 새로운 종류의 야만을 '필연적'으로 생산한다. 이러한 계몽의 변증법을 깨닫지 못하고 계몽의 진보만을 절대적으로 믿는 것은 우리가 극복했다고 생각한 신화의 상태로 되돌아가는 것이다. "신화는 이미 계몽이었다. 그리고 계몽은 신화로 돌아간다."[3] 이 책을 관통하는 이 핵심 명제를 이해하려면 우선 계몽에 관한 그들의 근본 입장을 알아볼 필요가 있다.

> 진보적 사유라는 포괄적 의미에서 계몽은 예로부터 인간에게서 공포를 몰아내고 인간을 주인으로 세운다는 목표를 추구해왔다. 그러나 완전히 계몽된 지구에는 재앙만이 승리를 구가하고 있다. 계몽의 프로그램은 세계의 '탈마법화'였다. 계몽은 '신화'를 해체하고 '지식'에 의해 상상력을 붕괴시키려 한다.[4]

계몽의 프로젝트는 인간에게서 공포를 몰아내고 인간을 세계의 주인으로 세우는 것이다. 우리는 무엇에 대해 공포를 느끼는가? 우리는 알려지지 않은 것, 낯선 것에 두려움을 느낀다. 샤머니즘 문화의 영향을 받은 우리는 여전히 자연에 대한 경외심을 갖고 있다.

많은 사람은 이제 계몽되어 숲속에는 요정이 살지 않고, 마을의 수호신 대접을 받고 있는 당산나무에는 어떤 정령도 없다는 것을 알고 있다. 그렇지만 모든 것이 합리적으로 설명되는 현대사회에도 울울창창한 숲속에 들어가 혼자 있다 보면 자연의 힘에 압도되어 샤머니즘을 이해하게 된다고 한다. 애니미즘, 토테미즘, 샤머니즘 및 신화는 자연의 힘이 인간을 압도할 때 만들어진 것이다.

알려지지 않은 것, 낯선 것은 모두 원초적이고 분화되지 않은 것이다. 또한 그것은 경험계를 초월하는 것이고, 사물의 이미 알려진 속성 외에 사물 속에 있는 '그 이상의 무엇'이다. 이 경우 원시인이 초자연적인 무엇으로서 경험하는 것은 물질적인 것과 대립되는 어떤 정신적인 실체가 아니라, 개개의 사물과 구별되는 '뒤엉킨 자연 전체'다. 익숙하지 않은 것을 경험할 때 나오는 공포의 외침이 그것의 이름이 된다.[5]

자연이 공포의 원천이라면, 우리는 공포로부터 벗어나기 위해 자연을 지배해야 한다. 인간은 자기 보존을 위해 자연을 지배한다. 여기서 우리는 신화를 극복한 계몽이 다시 신화로 퇴보하고 계몽의 문명화 과정이 새로운 야만을 생산하는 비밀을 엿본다. '자기 보존'과 '자연 지배'.

인간은 언제나 자신을 자연 밑에 굴복시킬 것인지 아니면 자연을 자신의 지배하에 둘 것인지를 선택해야 했다. 시민적 상품경제가 확대되면서 신화의 어두운 지평은 계산적 이성의 태양에 의해 환히 밝혀졌지만 이 이성의 차가운 빛 아래서는 새로운 야만의 싹이 자라난다. 지배의 강요 아래 인간의 노동은 언제나 신화로부터 멀어져가는 길을 걸어왔다. 그렇지만 지배 밑에서 인간의 노동은 언제나 다시 신화의 손아귀에 떨어지는 것이다.[6]

계몽의 인간은 미지의 것이 더 이상 없을 때 공포로부터 벗어났다고 생각한다. 더 이상 어두운 것이 없고 모든 것이 환하게 밝혀진다면 공포는 사라진다. 우리 바깥에 있는 것이 불안의 원천이라면 아무것도 밖에 있어서는 안 된다. 이처럼 계몽은 미지의 것을 이미 알고 있는 것으로 환원시키고, 어두운 것을 분명하고 명료하게 해명하며, 밖을 제거하여 모든 것을 내면화하는 작업이다. 그 방법은 호르크하이머와 아도르노가 '도구적 이성' 또는 '계산적 이성'으로 명명한 현대적 이성을 통한 계몽이다.

비판적 이성이 잠자면 괴물이 탄생한다

자기 보존과 자연 지배를 지향하는 도구적 이성의 싹은 이미 신화 속에 움트고 있었다. 신화 역시 인간이 자연을 이해하고 지배하는 방식의 일종이다. 신화는 단지 자연을 모방함으로써 자연을 이해하고자 한다. 신화는 자연현상의 주체를 수많은 신으로 형상화하여 이야기하고, 이 신화적 이야기 속에서 유사성을 통해 자연을 모방함으로써 자연을 지배하고자 한다. 그러나 자연을 모방하는 신화의 형상언어는 인간에게 자연을 이해시킬 수 있을지 몰라도 자연의 인식은 포기한다. 여기에서 계몽의 변증법의 반전이 일어난다.

우리 인간이 자연의 지배를 더욱더 강화하려면 자연과 유사해지려는 모방의 요구는 포기하고 자연을 인식할 수 있는 새로운 도구를 만들어야 한다. 이러한 전환을 통해 신화의 형상언어는 계산의 도구로 사용될 수 있는 기호언어로 바뀌고, 자연 전체를 파악하려는 이성은 이제 자연의 부분을 계산하는 오성으로 변화한다. 신화가 계몽으로 전환되면서도 여전히 유지되는 것은 바로 자기 보존과 자연 지배에 대한 인간의 원초적 욕구이다.

그렇다면 신화로부터 계몽으로 넘어가는 과정에서 도대체 어떤 일이 일어난 것인가? 왜 이러한 진보는 진정한 인간적 상태를 실현하기보다는 새로운 종류의 야만을 낳은 것인가? 이 물음에 대해 호르크하이머와 아도르노는 '도구적 이성'의 성격을 예리하게 분석한다. 도구적 이성에 의한 계몽은 자연을 오로지 계산과 지배의 대상으로만 파악한다. "계산 가능성과 유용성의 척도에 들어맞지 않는 것은 계몽에게는 의심스러운 것으로 여겨진다."[7] 왜 이것이 문제란 말인가?

첫째, 계몽은 자연을 계산하기 위해 '추상화'한다. 자연에는 동일하지 않은 것이 너무나 많다. 엄청난 다양성은 우리를 경악시킨다. 계몽의 도구적 이성, 즉 과학과 기술은 동일하지 않은 것을 추상적인 크기로 환산함으로써 비교 가능한 것으로 만든다. 측량할 수 있는 것은 정확하게 측량하고 측량할 수 없는 것은 측량할 수 있게 만든다는 갈릴레이의 말은 이러한 경향을 대변한다. 이렇게 되면 자연은 단순한 대상의 지위로 떨어진다.

> 과학적인 인간은 그가 사물을 만들 수 있는 한 사물들을 안다. 이를 통해 그 자체 존재하는 사물은 인간을 위한 사물이 된다. 이러한 변화 속에서도 사물은 언제나 동일한 것, 즉 지배의 대상이라는 데에 그 본질이 있는 것이다.[8]

둘째, 계몽의 도구적 이성은 자연을 효과적으로 지배하기 위해 '물화(物化)'한다. 다시 말해 측정하고 계산하고 통제할 수 있는 사물로 변화시킨다. 자연의 모든 현상은 추상적인 기호언어로 해석되고 설명된다. "신화가 죽은 것을 산 것과 동일시한다면, 계몽은 산 것을 죽은 것과 동일시한다."[9] 이제까지 불가사의로 여겨졌던 마음과 정체성은 수백억 개의 뇌세포와 수조 개의 연결로 설명된다. 자연이 아무리 복잡해 보이더라도 그 반복적인 구조와 패턴을 파악하면 쉽게 설명될 수 있다고 한다. 인간이 계산할 수 있고 지배할 수 있는 물질은 이렇게 '물신(物神, Fetisch)'이 된다. 과학과 기술에 의한 자연 지배는 21세기의 페티시즘이다.

셋째, 계몽은 인간의 자연 지배를 증폭시키기 위해 자연을 '수학화'한다. 호르크하이머와 아도르노가 이야기하는 것처럼 오늘날 "숫자는 계몽의 경전이 되었다."[10]고 해도 과언이 아니다. 우리가 사용하는 가장 추상적인 기호언어는 숫자이다.

> 수학적 방식은 거의 사유의 제의가 되었다. 공리에 의한 자기 제한에도 불구하고 수학적 방식은 필수적이고 객관적인 것으로 군림한다. 수학적 방식은 사유를 사물로, 즉 도구로 만드는 것이다.[11]

수학적으로 표현되고 설명될 수 없는 것은 아무것도 아니다. 인공지능의 신화가 이야기되고 있는 21세기의 현실을 바라보라. 데이터와 알고리즘에 토대를 둔 인공지능 알파고는 이세돌을 이겼다. 호르크하이머와 아도르노는 이미 70여 년 전에 이를 예측했다.

물화된 사유는 스스로 움직이는 자동적인 과정이 되어, 이 과정이 만들어내는 '기계'와 경쟁을 벌이기도 한다. 그 결과로서 결국에는 기계가 자동화된 사유 과정을 대체할 수 있을지도 모른다.[12]

지금 우리는 자연의 진화 과정에 기술적으로 개입함으로써 자연 자체를 완전히 인간화하려고 한다. 그것이 어떤 야만의 상태를 야기할지는 어느 누구도 모른다. 자연의 완전 지배가 자연 전체를 제거하고 그렇게 함으로써 자연의 존재인 인간마저 절멸시킬지도 모르지만 어느 누구도 감히 이런 상상을 하지 않는다. "왜냐하면 기술에 의해 생활이 편해지면서 지배는 더 강렬한 억압에 의해 본능을 고정시키기 때문이다. 이에 따라 상상력이 위축된다."[13]

우리는 계몽이 승리할 것임을 부정할 수 없다. 인공지능이 인간을 무력화시키는 것처럼 승리한 계몽이 어떤 야만의 상태를 가져올지는 미지수이다. 이 미지수가 우리를 공포로 몰아넣는다면, 우리는 계몽에 대한 계몽을 해야 하지 않을까? 인공지능이 "자연의 한계를 초월하여 상상하는 대로 세상을 바꿀 수 있다."[14]는 신화가 떠도는 시대에 호르크하이머와 아도르노는 우리에게 의심의 덕성을 요구한다. 비판적 이성이 잠을 자면 괴물이 탄생하기 때문이다.

승리한 사상이 기꺼이 비판적 요소를 포기하고 단순한 수단이 되어 기존 질서에 봉사하기 시작할 때 그것은 자기 의지와는 반대로 예전에 선택했던 긍정적인 무엇을 부정적이고 파괴적인 것으로 변질시키게 된다.[15]

"문화 산업은 그들의 소비자에 대해 자신이 끊임없이 약속하고 있는 것을 끊임없이 기만한다."

막스 호르크하이머·테오도어 아도르노, 《계몽의 변증법》

소비자는 스스로 선택할 자유를 갖고 있는가

텔레비전은 '바보상자'라는 말처럼 바보 같은 소리도 없다. 문화가 상당한 경제적 가치를 지닌 산업이 된 오늘날, 대부분의 사람들은 이미 이러한 사실을 잘 알고 있기 때문이다. 영화·라디오·텔레비전·잡지와 같은 대중문화가 우리를 바보로 만들고 있다는 사실에 관해 현대인들은 너무나 잘 계몽되어 있다.

물론 인터넷을 통해 더욱 빠르고 광범위하게 유통되고 소비되는 대중문화가 문화 소비자의 자율성을 심각하게 침식시킨다는 비판적 목소리도 간간이 들린다. 고급문화와 대중문화의 경계가 불투명해졌을 뿐만 아니라 상호 삼투작용을 일으켜 하이브리드 잡종문화가 일반화되어 이러한 비판은 금방 대중문화의 일반적 현상 속으로 흡수되어버린다.

반면, 현대사회의 문화 소비자들은 문화 상품을 지극히 자율적으로 선택할 뿐만 아니라 많은 사람의 의심과 우려와는 달리 로큰롤·힙합·재즈·테크노와 같은 대중문화는 저항을 불러일으킬 수 있는 전복적 잠재력도 갖고 있다는 목소리가 힘을 얻는다. 대중문화를 어떻게 평가하든 현대인들은 문화 상품을 적극적으로 소비하고 향유하며 대중문화의 체제에 동화된다.

문화 산업은 대중을 기만하는가

문화·예술·교양을 포함한 삶과 사회의 모든 영역이 경제적 논리에 의해 지배당하는 21세기에 문화 산업과 대중문화를 비판하는 것이 오히려 바보 같은 짓 아닌가? 이러한 의심은 우리를 '문화 산업'이라는 용어를 최초로 사용한 호르크하이머와 아도르노에게로 인도한다.

《계몽의 변증법》 2부는 '문화 산업: 대중 기만으로서의 계몽'이라는 분명한 제목을 달고 있다. **왜 그들은 문화 산업을 대중을 기만하는 계몽으로 본 것일까?** 우리는 여기서 이 글의 실마리를 이루고 있는 핵심 명제를 만나게 된다. "문화 산업은 그들의 소비자에 대해 자신이 끊임없이 약속하고 있는 것을 끊임없이 기만한다."[16]

오늘날 우리의 일상을 지배하는 대중문화에 대한 비판이론의 입장을 대변하는 이 명제는 결코 새로운 것이 아니다. 문화 상품을 소비하는 대중들은 이러한 사실을 꿰뚫어볼 정도로 계몽되어 있기 때문에 이 명제는 오히려 진부하게 들린다.

그럼에도 우리가 이 문장에 주목하고 현대의 문화 산업에 의심의 눈초리를 돌릴 수밖에 없는 이유를 호르크하이머와 아도르노는 이글의 마지막 문장으로 제시한다. "소비자들은 문화 상품을 꿰뚫어보면서도 어쩔 수 없이 거기에 동화되지 않을 수 없다."[17] 현대의 문화 상품 소비자들은 텔레비전이 바보상자라는 사실을 충분히 알고 있으면서도 텔레비전의 문화에 동화될 수밖에 없다는 것이다.

이러한 의심조차도 현대 문화 산업의 위력 앞에서는 무력하기 짝이 없다. 대중문화의 마력과 문화 산업의 위력은 도대체 어디에 기인하는 것인가? 그리고 그것이 도대체 왜 문제란 말인가?

호르크하이머와 아도르노에 의하면 모든 문화는 이제 상품이 되었다. 생산자와 소비자의 주체성을 지향했던 예술은 이제 그것이 갖고 있는 심미적 관점에서가 아니라 경제적 가치에 의해 정의된다. 현대 문화 산업은 심미적인 것을 광고와 선전의 이미지에 적극적으로 활용하기 때문에 심미적인 것은 오히려 상품의 기능으로 전락한다.

문화 산업은 사람들의 다양한 욕구와 가치를 충족시키기 때문에 그 어떤 정치적·문화적 이데올로기도 거부하지만, 그것은 결국 상품과 시장을 유일한 이데올로기로 받아들이는 결과를 초래한다. 상품과 시장 이데올로기는 자본주의 사회를 떠받치는 중심축이다. 여기서 문화마저 하나의 상품으로 유통시키는 문화 산업은 자본주의적 지배 관계를 은폐하고 지속시키는 기만의 장치로 작동한다는 것이다. 영화·라디오·텔레비전이 쏟아내는 문화 산업의 온갖 상품은 이렇게 지배와 통합의 수단이 된다.

오늘날 문화는 상품이다. 문화 산업은 '문화'라는 말에 굳이 고귀한 가치를 부여하려고도 하지 않는다. 일부의 비판적인 사람들이 대중적 문화 상품을 진정한 예술 작품과 대립시키려 해도 문화 산업은 결코 신경질적으로 반응하지 않는다. 이들은 "세상에 나타나고 있는 모든 것에는 예외 없이 문화 산업의 인장이 찍혀지기 때문에 문화 산업의 흔적을 갖고 있지 않은 것이나 확인 도장이 찍히지 않은 것은 어떤 것도 세상에 등장할 수가 없다."[18]는 사실을 잘 알고 있기 때문이다.

> 대중문화의 조종자들은 독점을 숨기려 하지도 않는다. 독점의 힘이 강화될수록 그 힘의 행사도 점점 노골화된다. 영화나 라디오는 더 이상 예술인 척할 필요가 없다. 대중매체가 단순히 '사업(business)' 이외에는 아무것도 아니라는 사실은 아예 한술 더 떠 그들이 고의로 만들어낸 허섭스레기들을 정당화하는 이데올로기로 사용된다.[19]

그렇다면 문화 산업은 어떻게 자본주의 체제를 유지할까? 소비자들 스스로 자본주의 체제에 동조하고 동화되려면 문화 산업은 소비자들의 욕구를 적극적으로 충족시켜야 한다. 21세기 후기 자본주의 사회의 문화 상품은 결코 자본주의자들에게 유익한 사용가치를 만들기 위해서가 아니라 철저하게 잠재적 소비자들의 욕구 충족을 위해 생산된다.

문화 상품은 교환가치가 만들어지는 시장을 위해 생산된다. 시장은 오직 소비자들만을 생각한다. 그렇다면 소비자의 요구를 충족시키는 문화 상품이 왜 문제란 말인가?

이런 의심을 갖고 오늘날의 문화 상품을 들여다보자. 오늘날 영화나 텔레비전을 통해 제시되는 삶과 사회는 더 이상 현실 세계와 구별되지 않는다. 영화나 텔레비전 드라마가 바깥 현실의 연장이라는 환상이 퍼져 나갈수록 바깥 현실은 점점 더 영화나 드라마 속의 세계와 구별할 수 없게 된다.

요즘은 소위 말하는 '리얼 버라이어티 쇼(Real Variety Show)' 프로그램이 대세다. 코미디·음악·퍼포먼스 등 다채로운 형식과 내용을 결합시켜 연예인들의 실제 모습을 보여주는 예능 프로그램은 문화 산업의 진면목을 보여준다. MBC의 〈무한도전〉이나 KBS의 〈1박 2일〉처럼 리얼 요소를 강조한 예능 프로그램을 보면 현실 세계와 연출된 세계의 구별은 모호해진다. 영화나 텔레비전이 제공하는 세계가 우리의 현실 세계와 너무나 동떨어져 있다면 우리는 쉽게 문화 상품에 동화되지 않을 것이다. 하지만 우리의 안방은 이미 획일화된 문화 상품에 의해 정복된 지 오래다.

한동안은 나이 든 배우들의 황혼 배낭 여행기를 현실적으로 그린 〈꽃보다 할배〉가 인기를 끌더니, 아이들의 육아 과정에 참여하는 연예인들의 리얼한 모습을 담은 〈슈퍼맨이 돌아왔다〉가 안방극장을 점령하여 온 국민의 관심과 사랑을 받았다. 국민 쌍둥이, 국민 삼둥이가 탄생한 것도 잠시, 지금은 〈집밥 백선생〉과 같은 요리 예능 프로그램이 대세다. 우리는 외국어도 제대로 못하고 남의 나라의 문화에 대한 이해도 별로 없는 노인들이 배낭여행을 하는 모습을 바라보면서 우리 자신도 황혼의 자유로운 여행을 꿈꾼다. 이런 문화 상품은 반복되는 일상의 무게로부터 탈출할 수 있는 용기를 판매한다.

실제로 〈꽃보다 할배〉 종류의 예능 프로그램이 다녀온 여행지는 동시에 인기 관광 상품이 되어 경제적 유발효과를 가져왔다. 이 프로그램을 본 사람들은 이제 어디를 어떻게 여행해야 할지를 알게 된 것이다. 소비자가 직접 찾고 계획할 무엇은 더 이상 남아 있지 않다. 문화 산업의 생산자들이 소비자를 위해 그러한 작업을 이미 끝냈기 때문이다. 문화 상품의 소비자들은 그저 〈꽃보다 할배〉를 따라가면 될 일이다. 이처럼 소비자들에게 자유를 파는 것처럼 보이는 문화 상품이 결국은 소비자들에게서—여행지를 스스로 선택하고 또 여행의 목적과 의미를 스스로 생각할—자유를 빼앗는다.

문제는 여기서 그치지 않는다. 우리 사회에서 황혼에 배낭여행을 떠날 수 있는 사람이 과연 몇 명이나 될까? 2015년 경제협력개발기구(OECD)가 발표한 전 세계 노인 빈곤율 자료에서 한국의 65세 이상 노인의 빈곤율은 2007년 44.6퍼센트에서 2011년 48.6퍼센트로 4년 만에 4퍼센트나 상승했다.

우리나라는 노인 빈곤율 자체도 압도적으로 부동의 1위이지만, 노인 빈곤율 상승 속도가 경제협력개발기구 회원국 가운데 가장 빠르다. 상대적 빈곤을 나타내는 지표인 빈곤율은 중위 소득의 50퍼센트 이하가 차지하는 비율을 뜻한다. 우리나라 노인의 절반 정도가 상대적 빈곤에 처해 있다는 이야기다.

해외로 여행을 떠날 수 있는 노인은 극소수임에도 불구하고 이 예능 프로그램이 많은 사람의 사랑을 받았다는 사실은 무엇을 말해주는가? 우리의 눈을 파고다 공원에서 스위스와 그리스의 이국적 도시로 돌림으로써 현실 상태를 받아들이도록 하는 것은 아닌가?

〈슈퍼맨이 돌아왔다〉를 보면 우리는 가부장적 이데올로기는 이미 사라지고 우리가 보존해야 할 가족의 가치만 온전히 보존되어 있다는 착각에 빠진다. 한국의 출산율이 세계 최하위라는 사실은 잠시 괄호 안에 묶어두자. 이 예능 프로그램은 현실 세계와 연출된 세계의 경계를 애매모호하게 만듦으로써 아이를 쉽게 낳고 키울 수 없는 적나라한 경쟁 사회의 어두운 이면을 은폐한다.

〈집밥 백선생〉과 같은 문화 상품의 전략은 더욱 교묘하다. 먹을 것이 충분히 있는가가 '생존'의 문제라면, 어떻게 먹는가는 '문화'의 문제라고 했던가. 어떻게 하면 맛있게 먹을 것인가를 리얼하게 보여주는 다채로운 요리 예능 프로그램은 우리 사회가 드디어 생존의 단계에서 문화의 단계로 넘어갔다고 기만한다.

냉장고에 들어 있는 간단한 재료만으로도 일류 레스토랑에서 맛볼 수 있는 훌륭한 요리를 만들어내는 마법 쇼는 생존을 위한 우리 사회의 치열한 경쟁 체제를 간단하게 잊게 만든다. 사람들이 아무리 채널을 돌려도, 예술성 있는 영화를 보겠다고 영화관을 순회하더라도 우리에겐 이렇게 획일화되고 표준화된 문화 상품이 매일매일 제공된다. 이런 문화 상품을 소비하면서 자유롭고 행복하다고 느낀다면, 우리는 자본주의 사회의 지배 수단인 문화 상품의 위력을 간과하고 있는 것이다.

문화 산업의 본질은 지배 관계의 안정화이다

문화 상품이 무서운 것은 그것이 우리의 다양한 욕구를 어떤 방식으로든 충족시켜준다는 사실에서 기인한다. 현대인들은 다양성 자체를 자유로 착각한다. 다양한 것 중에서 스스로 선택하는 것이 자유로 여겨진다. 그들은 어떤 것을 소비하느냐가 자신의 개성을 표현한다고 생각하기 때문이다.

오늘날 문화 산업은 인터넷에서 음성이나 영상, 애니메이션 등을 실시간으로 재생할 수 있는 스트리밍 기법을 통해 개인의 취향을 정밀히 타격하는 문화 상품을 제공한다. 얼마 전 국내에서도 애플 뮤직을 쓸 수 있게 되었다. 약 3000만 곡 수준의 음원을 제공하는 애플 뮤직의 힘은 그 다양성에만 있는 것이 아니다. "어떤 장르의 음악을 듣고 싶은가?" "어떤 음악가를 좋아하는가?" 소비자의 취향을 알아내는 알고리즘을 통해 애플은 소비자 대신 음악을 골라준다. 아마존은 이미 독자의 개인적 취향에 따라 읽을 책 목록을 대신 뽑아주고, 구글은 빅 데이터를 토대로 개인의 취향을 정확하게 읽어낸다.

사정이 이런데도 우리는 소비자가 스스로 선택할 수 있는 자유를 갖고 있다고 말할 수 있는가? 이 점을 꿰뚫어본 이들이 바로 호르크하이머와 아도르노이다.

갑이라는 영화와 을이라는 영화 사이에, 또는 상이한 가격 층의 잡지 내용들 사이에 차이가 없는 것은 물론 아니지만, 그 차이란 사실 자체로부터 나오는 본질적인 차이라기보다는 소비자들을 분류하고 조직하고 장악하기 위한 차이에 불과하다. 어느 누구를 위해서도 무엇인가가 마련되어 있지만, 그것은 누구도 그것으로부터 빠져나가지 못하게 하기 위해서이다. 이를 위해 차이는 오히려 강조되고 선전된다. …… 모든 사람은 미리 자신에게 주어진 수준에 걸맞게 '자발적으로' 행동하며 자기와 같은 유형을 겨냥해 제조된 대량 생산물을 고른다.[20]

자본주의는 모든 사람의 욕구를 충족시킬 수 있는 시스템이다. 헤겔이 시민사회를 '욕구의 체제'라고 규정한 것은 여전히 타당한 것처럼 보인다. 자본주의 사회에서 우리는 소비를 통해 시민이 된다. 우리가 자신의 취향에 맞는 문화 상품을 고르고 소비함으로써 개성을 실현한다고 착각한다면, 문화 산업은 우리가 상상하는 것 이상으로 우리의 의식에도 영향을 준다.

자본주의 사회는 어느 누구를 위해서도—그가 차별화되기 위해 아무리 다양한 것을 요구할지라도—무엇인가를 제공한다는 사실은 우리를 섬뜩하게 만든다. 이것이 문화 산업이 기존의 지배 관계를 안정화시킬 수 있는 힘이다.

그러나 지배 관계의 안정화는 결코 문화 산업의 단순한 부수 효과가 아니다. 그것은 문화 산업의 본질이다. 문화 산업은 소비 대중에게 자신의 취향과 생각, 이념을 은연중 믿게 만든다. 이러한 암시 효과 때문에 소비 대중은 문화 산업이 제시한 '문화'의 척도를 스스로 받아들인다. 이것이 바로 호르크하이머와 아도르노가 비민주적이라고 신랄하게 비판한 문화 산업의 기만 장치다. 이처럼 "지배가 생산하는 고통의 인식을 금지하는 것은 지배의 메커니즘에 속한다."[21]

그렇다면 문화 산업의 토대인 이 메커니즘은 어떻게 작동하는 것인가? 호르크하이머와 아도르노는 몇 가지 도발적 명제로 이 물음에 답한다. 첫째, 후기 자본주의 사회에서 "대중문화의 단계에서 새로운 것은 새로움을 배제하는 것이다."[22] 문화 산업은 끊임없이 시장에 새로운 상품을 내놓지만 실제로는 획일화된 상품뿐이라는 것이다. 물론 시장의 광고와 선전을 보면 '참신한 아이디어', '신선한 것', '경이로운 것'이라는 단어가 남발되지만 이 낱말이 붙여지는 대상은 끊임없이 변화한다.

"아무것도 옛날 상태에 머물러 있어서는 안 된다. 모든 것은 끊임없이 뛰어야 하며 잠시도 멈추어서는 안 된다."[23] 새로운 것은 오직 후기 자본주의 사회의 속도와 역동성에만 기여할 뿐 실질적으로 새로운 것을 창출하지는 못한다. 문화 산업의 새롭게 하기는 대량 복제의 개선일 따름이다.

둘째, "후기 자본주의에서 유흥은 일의 연장이다."[24] 후기 자본주의 사회는 노동조차도 놀이처럼 즐길 수 있는 창조적인 일자리를 마련한다고 선전하지만, 고통으로서의 노동은 여전히 유흥으로서의 놀이와는 질적으로 구별된다. 사람들은 기계화된 반복적 노동 과정을 감당하기 위해 그로부터 벗어나려 하지만 문화 산업은 여가 시간에도 획일화되고 표준화된 상품만을 제공한다. 여가를 즐기는 현대인의 행복이나 이를 위해 생산된 문화 상품은 모두 기계적이 되어버렸다고 해도 과언이 아니다.

이러한 사실은 우리가 여가 시간에 어디에서 무엇을 하는가를 생각해보면 분명해진다. 자신의 삶을 스스로 결정하는 자유는 독일어로 '프라이하이트(Frei-heit)'라고 하고, 노동을 하지 않는 여가 시간은 '프라이차이트(Frei-zeit)'라고 한다. 현대인들의 자유는 간단히 말해 여가로 변질되었지만, 이마저도 문화 산업에 의해 지배를 받고 있는 것이다.

셋째, "문화 산업은 충동을 승화시키는 것이 아니라 억압한다."[25] 문화 산업을 비판적으로 바라보는 사람들은 대중문화가 욕망의 단순한 배출구 역할만을 한다고 생각한다. 이러한 인식은 문화 산업의 메커니즘을 제대로 파악하지 못할 뿐만 아니라 현실을 왜곡한다. 문화 산업의 상품들은 결코 대중의 욕망을 충족시키지 못한다. 단지, 충족시킬 수 있다고 기만할 뿐이다. 호르크하이머와 아도르노의 말을 들어보자.

> 문화 산업은 착 달라붙은 스웨터 속의 가슴이나 스포츠 영웅의 벌거벗은 상반신과 같은 욕망의 대상을 끊임없이 노출시킴으로써 승화되지 않은 전희를 자극하지만, 실제로는 성적 충동의 현실적인 충족 불능을 습관화시킴으로 말미암아 결국에는 그러한 전희를 마조히스트적인 것으로 불구화시킨다.[26]

포르노와 같은 섹스 상품의 범람이 오히려 섹스의 추방을 초래할 수 있다는 역설을 어떻게 이해할까?

넷째, "즐긴다는 것이 의미하는 것은 항상 무엇인가에 대해 더 이상 생각하지 않는 것, 고통을 목격할 때조차 고통을 잊어버리는 것이다."[27] 후기 자본주의 사회의 문화 산업은 우리를 대신하여 즐길 수 있는 것을 분류하고 제공하기 때문에 우리는 더 이상 생각할 필요가 없다. 오늘날 현대인들이 가장 많이 느끼는 것은 무력감이다. 우리가 어떻게 하든 사회는 정해진 방향으로 자동적으로 굴러간다는 의식은 소비자 대중을 무력하게 만든다. 이 무력감에서 소비자들은 문화 상품을 즐긴다. 그러나 이러한 오락과 향유는 도피일 뿐이다. 그것은 우리가 일반적으로 생각하는 것처럼 "잘못된 현실로부터의 도피가 아니라 마지막 남아 있는 저항 의식으로부터의 도피"[28]다.

그렇다면 우리는 어떻게 모든 것을 전체적으로 획일화시키는 문화 산업의 굴레로부터 벗어날 수 있는 것인가? 호르크하이머와 아도르노가 예견한 것처럼 우리는 이러한 메커니즘을 꿰뚫어보면서도 어쩔 수 없이 문화 산업에 동화될 수밖에 없는 것인가? 이러한 의심이 강렬해질수록 호르크하이머와 아도르노의 말이 귓가에 강렬하게 맴돈다. "무엇인가를 제공하고 그럼으로써 무엇인가를 박탈한다는 것은 동일한 것이다."[29]

7장

사르트르, 타인을 의심하다

"인간은 자유롭도록 선고받았
다."

장 폴 사르트르, 《존재와 무》; 《실존주의는 휴머니즘이다》

1.
삶의 부조리는 고통만을 낳는가

모든 시대는 자신의 고유한 감정을 갖고 있다. 어떤 시대는 승리와 성공의 신화로 가득 차 가볍고 명랑한 분위기가 완연하고, 어떤 시대는 불안과 절망에 감염되어 사람들을 우울하게 만든다. 이렇게 시대를 관통하는 감정의 결과 흐름을 제대로 감지하지 못하면, 우리는 삶의 의미를 어디서 찾아야 할지 실존의 방향을 잃고 헤매게 된다.

프랑스의 실존주의 작가 알베르 카뮈가 삶의 의미보다는 삶을 더 사랑해야 한다고 말했지만, 삶의 의미가 실종된 '상실의 시대'에는 삶을 사랑하는 것이 결코 쉽지 않다. 이런 시대에는 감정이 이성보다 우선하기 때문에 철학은—"철학은 자신의 시대를 사상으로 파악하는 것"이라는 헤겔의 말을 변형시켜 표현하면—우리 시대의 감정을 개념적으로 포착하는 것일 터이다.

획일화, 실존주의적 감정을 퍼뜨리는 매개체

우리 시대의 저변에 짙게 드리워진 주류 감정은 도대체 무엇일까? 이런 의문을 갖고 세상을 바라보면 20세기 중반에 실존주의가 전 세계를 휩쓸었던 시대의 데자뷔(déjà vu)를 경험하게 된다. 불안, 홀로 남겨짐, 절망, 분노, 그리고 부조리. 이 시대의 젊은이들이 느끼고 있는 감정은 실존주의를 낳은 시대의 그것과 너무나 닮아 있다.

이 시대의 곳곳에는 스스로를 사회의 부조리에서 기인하는 고통과 괴로움을 어쩔 수 없이 짊어진 희생자로 생각하는 분위기가 조성되고 있다. 이 시대의 가장 심각한 부조리는 희생자는 많은데—우리가 분노하고 비판하고 공격할—가해자가 딱히 보이지 않는다는 사실에 있다. 왜냐하면 이들은 이 시대와 사회의 희생자이면서도 실제로는 가해자의 가치를 내면화하고 있기 때문이다.

현대사회는 우리가 자유롭게 선택할 수 있는 수많은 '사물'을 제공하지만, 대부분의 사람들은 스스로 자유롭다고 느끼지 않는다. 이 사회는 수많은 성공의 이야기를 들려주지만 대부분의 사람들은 성공의 신화로 인해 실패한다. 사회는 성공하지만 대부분의 개인은 실패하고, 또 사회는 부유하지만 대부분의 개인은 가난한 상태처럼 견디기 힘든 부조리가 어디 있겠는가?

여기서 우리가 '개인'이라고 이야기하는 까닭은 현대인들이 대중이라는 낱말을 싫어하기 때문이기는 하지만, 사실 대부분의 사람들은 '모든 사람'과 마찬가지라고 느끼며, 이런 사실에 고통스러워하기는커녕 자신이 다른 사람들과 동일하다고 느끼는 데서 안도의 기쁨을 발견한다. 이러한 획일화가 오늘날 불안과 절망, 그리고 부조리와 같은 실존주의적 감정을 퍼뜨리는 매개체가 된다.

오늘날 우리에게 제공되는 사물이 다양해지면 해질수록 우리의 삶은 더욱더 획일화된다. 호르크하이머와 아도르노가 정확하게 예견한 것처럼 "오늘날 문화는 모든 것을 동질화시킨다."[1] 모든 것이 획일화된 사회에서 우리가 선택할 수 있는 많은 기회는 오히려 선택할 수 있는 능력을 박탈한다.

이 사회는 우리가 자유로울 수 있다고 기만하지만 실제로 대부분의 사람들은 자유롭지 않다. "우리는 방향을 잃었다. 결정을 내리고 싶지도 않고 어떻게 내려야 하는지도 모른다. 우리는 병적으로 모든 결정을 미룬다."[2]

우리 시대는 오직 선택과 행동을 통해서만 자유로울 수 있다는 실존주의 철학자 장 폴 사르트르(Jean-Paul Sartre, 1905~1980)의 철학과 정면으로 대립한다. 우리가 지금은 잊혀 그 어떤 영향력도 발휘하지 못하는 사르트르에 주목하는 이유가 여기에 있다. 그의 철학을 되새기기 전에 이 시대의 정서를 다시 한 번 확인하자.

우리는 아무런 특징이 없는 세대다. 무능하다는 말이 아니라, 그저 이상과 가치가 없다는 뜻이다. 우리에게는 '우리'라는 정신이 없다. 우리는 자기중심적이다. 이 시대가 그런 시대다. 옛날 세대들이 '삶의 의미는 무엇인가?'에 대해 고민했다면, 지금 우리는 '나는 누구인가? 알고 있다면 얼마나 알고 있는가?'를 고민한다. 그러고는 확답을 하는 대신 '알 것 같기도 하고 모를 것 같기도 하다.'라는 애매한 대답을 남긴다.[3]

우리는 개성을 실현하기 위해 끊임없이 차별화를 시도하지만 궁극적으로는 모든 차이를 제거한다. 우리는 모두 특성이 없는 사람들의 무리와 합류한다. 개인은 공동체로부터 벗어나 자신만의 삶을 살기를 원하지만, 공동체에서 배제되는 것을 두려워하기 때문에 공동체의 가치와 방침을 무조건적으로 받아들인다.

공동체의 가치관에 동화되어 공동체의 색깔과 같은 보호색으로 자신을 숨기면서 동시에 자신의 안락과 행복을 추구하는 현대인들이 추구하는 자유란 도대체 무엇인가? 현대인들은 자유의 능력을 갖고 있지 않으면서도 끊임없이 자유를 추구하는 것인가?

모든 것이 확실하지 않은 시대의 두려움

사르트르는 삶의 부조리가 자유를 방해하기보다는 오히려 전제한다고 주장한다. 그는 실존주의 철학 운동을 대변하는 프랑스의 대표적인 사상가이기는 하지만, 오히려 1964년 노벨문학상 수상 거부와 페미니즘 이론가인 시몬 드 보부아르와의 개방적 관계로 더 유명하다. 그는 철학적 사유를 매력적으로 만들었을 뿐만 아니라 사회적 실천에 지대한 관심을 보였다.

1943년 출간된 사르트르의 대표작 《존재와 무(L'être et le néant)》는 그의 명성에 별 도움이 되지 않은 하나의 철학적 스캔들이었다. 이 책은 결코 쉽게 이해될 수 없는 난해한 책이었음에도 사람들은 이 책을 읽지도 않고 몇몇 구절을 뽑아 실존주의를 이해한다고 착각했기

사르트르와 보부아르

때문이다. 사람들은 여전히 이 책을 감히 집지 않는다. 사람들은 이 책의 제목이 하이데거의 《존재와 시간》을 연상시킨다는 사실을 기억함으로써 실존주의를 골동품으로 만든다.

사르트르의 실존주의를 이해하려면 그의 철학이 태어난 시대의 감정적 분위기를 포착해야 한다. 그것은 우리 실존의 저 깊은 심연에 자리 잡고 있는 '불안'의 감정이다. 그것은 내가 있는 그대로 드러내고 싶은 나의 '존재'가 아무것도 아닌 것, 즉 '무(無, Nothingness)'가 될 수도 있다는 가능성에 대한 두려움이다.

여기서 우리는 '무'라는 철학적 개념에 너무 매달릴 필요는 없다. 고대 그리스부터 철학에서는 무를 두 가지 관점에서 이해했다는 점만을 기억해두자. 하나는 '존재할 수도 있지만 현재는 있지 않은 것(me on; 상대적 무)'이고, 다른 하나는 '그 어떤 측면에서도 존재하지 않는 것(ouk on; 절대적 무)'이다.

두 가지 모두 없는 것임에는 틀림없다. 예컨대 어떤 사람이 살인을 계획했지만 실제로 실행에 옮기지 않았을 경우, 우리는 "그는 단지 행하지 않았다."라고 말한다. 이에 반해 어떤 사람이 살인의 가능성조차 생각하지 않았다면, 우리는 "그가 전적으로 행하지 않았다."라고 말한다. '존재'의 부정은 두말할 나위 없이 '무'를 의미하지만, 이는 두 가지로 해석되는 것이다. 사르트르는 이런 의미에서 '무'를 존재와의 부정적 관계의 가능성으로서의 '무(néant)'와 그 자체로서 존재하지 않는 것으로서의 '무(rien)'을 구별한다.

우리 모두는 있는 그대로 본래의 방식대로 존재하고자 한다. 어떤 직업과 삶의 양식을 선택하든 우리는 자신의 삶을 실현할 수 있다고 믿는다. 아무리 노력해도 원하는 것을 실현할 수 없을 때 우리는 과연 어떤 감정을 느끼는가? 사르트르는 세계가 흔히 생각하는 것보다 훨씬 더 낯설고 기괴하게 나타날 때의 순간들에 주의를 기울인다.

우리가 일상을 살아가면서 삶과 사회에 부과한 원칙과 가치가 실현되리라는 것을 더 이상 기대할 수 없고 지극히 우연적이고 부조리한 것으로 나타날 때 우리는 불안과 절망감을 가진다. **그것은 도대체 어떤 감정의 색깔을 갖고 있을까?**

사르트르가 1938년 발표한 소설 《구토(La Nausee)》는 이런 감정을 엿볼 수 있는 장면을 묘사함으로써 시작한다. 프랑스의 한 허구적 도시 부빌에서 이 소설의 주인공인 로캉탱이 트램을 타고 어디론가 간다. 그는 의자에 손을 기댔다가 다시 신속하게 뺀다. "그것이(의자가) 실존한다. 내가 앉아 있고 손을 기대고 있는 이 사물은 의자라고 불린다." 매일매일 출근하면서 앉곤 하던 의자가 갑자기 낯설어져서 나를 밀쳐내는 것이다. 사람들이 앉을 목적으로 가죽과 용수철로 만든 이 의자는 지금 움직이고 있는 차 안에 설치되어 있는데, 이 의자가 갑자기 낯설어진 것이다. 이름과 분리되어 따로 놀고 있는 사물들은 우리에게 기괴하게 나타난다.

> 나는 사물들, 이름 없는 사물들 한가운데 있다. 아무런 말도 없이 무방비 상태로 혼자서 있다. 그 사물들은 나를 에워싸고, 나의 밑에, 나의 뒤에, 나의 위에 있다. 그들은 아무것도 요구하지 않는다. 그들은 자신을 강요하지 않는다. 그들은 거기에 있다.

이 장면은 우리를 사르트르 철학의 출발점을 이루는 부조리의 세계로 안내한다. 우리가 일상생활 속에서 관계를 맺고 의미를 부여하는 세계가 우리와는 아무런 관계가 없는 '사물'로 나타날 때 우리는 부조리를 느낀다. 우리는 이런 사르트르의 관점을 현대사회에도 적용할 수 있다.

매일 아침 정해진 시간에 일어나 식사를 하고 직장에 나가는 것이 이상하게 느껴진 적은 없는가? 그동안 길들여져 직장에서 '나만의 공간'으로 다가왔던 사무실의 책상, 수많은 서류 더미, 동료들과의 대화가 갑자기 낯설어진 순간은 없었는가? 사르트르는 우리 일상의 밑바닥에 잠복해 있는 낯섦과 이질성을 보여주기 위해 일상생활에 덧씌

워진 정상성의 껍질을 벗겨낸다. 이렇게 우리를 둘러싼 모든 사물이 갑자기 낯설게 되는 것을 사르트르는 '무'라고 한다. 이처럼 우리의 존재에는 우리 자신을 아무것도 아닌 존재로 만들 수 있는 무가 항상 붙어 다닌다.

> 하나의 존재는 그것이 자기 존재 속에 비존재의 확실한 가능성을 가지고 있는 경우에 허약한 것이다. 그러나 다시 허약함이 존재에 도래하는 것은 인간에 의해서이다.[4]

내가 아무것도 아닐 수 있다는 무의 의식은 항상 불안을 야기한다. 내가 제대로 살고 있다고 납득시킬 수 있는 증거와 징표를 찾는 것은 쉽지 않다. 나는 왜 사는가? 나는 이 물음에 대해 대답을 찾은 것 같기도 하고 그렇지 않은 것 같기도 하다. 사회가 정한 모범적인 길에서 이탈한 사람도 불안하지만, 정해진 길을 따라 잘 살고 있다고 생각하는 사람도 불안하긴 마찬가지다.

모든 물음에 대해 확실하게 대답하기보다는 '아마', '어쩌면'이라고 대답하는 '메이비 세대(Generation Maybe)'에겐 "제자리걸음만 반복하고 있는 느낌, 아무것도 결정할 수 없을 것 같은 느낌, 뭐가 옳고 뭐가 그른지 판단할 수 없는 느낌, 뭐라 이름 붙일 수 없는 그런 느낌"[5]이 만연해 있다. 우리가 시대의 이런 분위기를 부정할 수 없다면, 사르트르의 진단은 여전히 유효하다.

물론 사르트르는 이러한 불안의 근원을 훨씬 더 근원적인 곳에서 찾는다. 우리가 불안, 내버려짐, 절망, 그리고 부조리의 감정에 굴복하면, 우리는 삶의 방향을 잃게 된다. 그러나 사르트르는 불안 속에서 오히려 자유의 계기를 발견한다.

여기서 우리는 사르트르를 유명하게 만든 핵심 명제와 맞닥뜨린다. "인간은 자유롭도록 선고받았다(L'homme est condamné à être libre)."[6] 사르트르에 의하면 인간이 원초적으로 불안한 것은 바로 자유를 선고받았기 때문이다. 왜 그럴까?

> 우리는 그 어떤 핑계도 배제된 채 홀로 있는 것입니다. 바로 이것이 내가 인간은 자유롭도록 선고받았다고 말하면서 표현하려는 것입니다. 인간은 선고받았습니다. 왜냐하면 인간은 그 자신이 스스로를 창조한 것이 아니기 때문입니다. 하지만 다른 한편으로 인간은 자유롭습니다. 왜냐하면 그 자신이 세계 속에 던져진 이상, 인간은 자신이 하는 모든 것에 대해서 책임이 있기 때문입니다.[7]

사회에는 우리의 자유를 은폐하고 왜곡하고 억압하는 수많은 기제가 깔려 있지만 우리에게 주어진 수단은 역설적이게도 자유뿐이다. 이 자유의 가능성을 경험하려면 우리가 일상적으로 행하는 일들이 항상 일어나고 있는 방식일 필요는 없다는 점을 깨달아야 한다.

우리가 매일 아침 이른 시간에 일어나 직장에 나가고, 저녁에는 친구를 만나고, 주말에는 부모님을 찾아뵙는 것 중 어느 것도 결코 바꿀 수 없는 것은 아니다. 우리는 의무와 책무로 가득 찬 일상의 압박 가운데서도 우리가 스스로 상상하는 것보다 훨씬 더 자유롭다.

아침마다 5시에 일어나든가 아니면 쫓겨날 것을 각오하고 늦잠을 자든가 하는 것은 나의 자유로운 선택이다. 아침에 일어나 직장에 가던 길이 갑자기 낯설어져 멀리 여행을 떠날 수도 있고, 없으면 안 될 것 같았던 사람과의 관계를 끊을 수도 있으며, 아무도 모르는 오지에서 새로운 삶을 시작할 수도 있다.

이렇게 사르트르는 사람들이 정상이라고 부르는 삶의 양식으로부터 벗어나고 기존의 경직된 관점을 던져버리고 새로운 상상력을 펼칠 것을 권고한다. 이런 의미에서 "실존주의의 첫걸음은 모든 인간으로 하여금 자신이 지금 어떤 것인가에 대해서 주인이 되도록 하는 것, 그리하여 모든 인간으로 하여금 자신의 실존에 대해서 전적인 책임을 지도록 하는 것이다."[8]

그렇지만 자유는 단지 다른 것을 사유하고 상상하는 것이 아니라 구체적으로 선택하고 실천하는 것이다. 인간은 자기 자신을 실현하는 한에서만 실존한다. 마찬가지로 인간은 자유를 실천하는 한에서만 자유롭다. 인간은 자신의 행위, 자신의 삶, 실현된 자유 그 자체라고 해도 과언이 아니다. 이는 우리에게 "이루어지는 사랑 말고 다른 사랑이란 있을 수 없으며, 사랑 속에서 스스로 드러나는 사랑의 가능성 말고 다른 사랑의 가능성이란 있을 수 없는"[9] 것과 같은 이치다.

그러나 선택을 지속적으로 미루고 다른 삶을 꿈꾸기만 하는 사람은 자유의 가능성을 스스로 포기하고 자기 자신을 기만한다. '자유'가 우리에게 원초적으로 부여된 불안에 적극적으로 맞서는 방식이라면, '자기기만'은 불안으로부터 도피하고자 하는 수동적 방식이다.

자유를 실천할 능력이 없다는 자기기만

우리는 여기서 사르트르가 '모베즈 푸아(mauvaise foi)'라고 명명한 실존 현상을 만나게 된다. '모베즈 푸아'는 원어대로 번역하면 '나쁜 믿음(bad faith)'을 의미하지만 통상 '자기 자신에 대한 불성실'이라는 뜻으로 일시적인 위안을 얻기 위해 자기를 기만하는 것을 의미한다.

진실을 알고 있는 자가 그 진실을 속이는 거짓 행위를 기만이라고 한다면, 자기기만은 속이는 자와 속임을 당하는 자가 동일하다는 점에서 이중성을 갖고 있다. 자기기만도 바람직하지 않은 진실을 숨긴다는 점에서 마찬가지지만, 내가 속는 사람인 한에서는 진실이 나에게 숨겨져 있지만 거짓말을 하는 사람인 한에서는 진실을 알고 있어야 한다. 우리는 자유롭도록 선고를 받았다는 사실을 알고 있지만 자유를 실천할 능력이 없어서 여러 가지 핑계를 댄다면, 이는 불안을 외면하고자 하는 자기기만일 뿐이다.

사르트르는 《존재와 무》 1부 2장에서 '자기기만'의 예를 인상적으로 묘사한다. 그는 카페의 종업원을 지켜보면서 자신의 역할에 전적으로 헌신하는 그의 태도를 예리하게 분석한다.

> 그의 몸짓은 민첩하고 절도가 있지만, 조금 지나치게 정확하고 지나치

게 약빠르다. …… 그는 자신의 동작을 마치 상호작용하는 기계처럼 계속 연결시켜 나가려고 애쓴다. 그의 몸짓과 목소리까지 기계장치처럼 보인다. 그는 사물이 가진 비정한 신속함과 민첩함을 자신에게 부여한다. 그는 연기를 하면서 즐기고 있다. 그런데 그는 무엇을 연기하고 있는 것일까?[10]

자신의 직업적 역할을 하나의 기계처럼 전문적으로 처리하는 광경을 바라보며 사르트르는 카페의 종업원이 "이 잉크병이 잉크병'으로 있고' 컵이 컵'으로 있는 것'과 같은 뜻으로" 실존한다고 묘사한다. 우리는 모두 카페 종업원, 식료품 가게 주인, 금융 애널리스트, 교수 등 우리에게 주어진 역할로서 실존한다.

우리가 있는 그대로의 것으로 있어야만 한다고 믿으면서 다른 선택의 가능성들에 대해 눈을 감는다면, 그것이 바로 사르트르가 이야기하는 '모베즈 푸아', 즉 자기기만이다. 나는 이렇게 내가 살아온 방식대로 살 수밖에 없다고 스스로에게 이야기한다면, 그것은 자신에게 주어진 자유를 박탈하는 것이다.

선택하지 않는, 그리고 선택하지 않은 삶을 살아가는 것은 자유로부터의 도피다. 물론 우리가 자유롭다고 느끼지 못하게 만드는 수많은 자본주의적 기제가 있다는 것도 사실이다. 현재 젊은이들의 영혼을 침식하는 불안과 외로움, 절망의 감정도 명명백백한 현실이다. 그럼에도 우리가 사르트르를 읽는 것은 자유만이 유일한 대안이기 때문이다.

여러분이 살기 이전에는 삶이란 아무것도 아닙니다. 하지만 삶에 의미를 부여하는 일은 여러분의 몫이며, 이때 가치는 여러분이 선택하는 바로 그 의미와 다른 것이 아닙니다. 그리고 바로 이 점에서 여러분은 그 어떤 인간 공동체를 창조할 수 있는 가능성이 있다는 것을 알게 됩니다.[11]

"타자는 '나를 바라보는 자'이다. 그런 자로서 타자는 내 존재의 비밀을 쥐고 있다. 타자는 내가 '무엇인지' 알고 있다."

장 폴 사르트르, 《존재와 무》

타인에게 벗어나면 자유로워지는가

사람들은 자기실현을 위해 관계를 맺지만, 이 관계로부터 고통을 당한다. 관계를 맺는 이유는 다양하다. 우리는 가족이라는 공동체 속에서 태어나 배려와 관심을 받고 성장하기 때문에 관계는 정서적 안정을 위해서 필요한 실존 조건이다.

부모의 보살핌이 구속과 억압으로 느껴지는 시기가 되면 우리는 자연스럽게 하나의 독립적인 개인이 되어 다른 사람들과 '자유로운' 관계를 맺는다. 혈연이나 지연, 학연처럼 '주어진 관계'로부터 벗어나 자신이 스스로 선택하고 결정하는 '자율적 관계'로 넘어간다. 신처럼 완전히 자율적인 존재도 아니고, 동물처럼 생물학적 관계에 완전히 예속된 존재도 아닌 인간은 이처럼 항상 관계 속에서 살아간다.

관계는 우리 삶의 전제 조건이다. 가족도 관계고, 직장도 관계다. 오로지 자신만을 위해 쓰고 싶은 여가 시간에도 우리는 관계로부터 벗어나지 못한다. 그렇지만 우리가 맺는 관계가 많아지고 확장되면 될수록 관계는 우리를 힘들게 하는 짐으로 변질된다.

사람들은 아는 사람이 아무도 없는 낯선 지역으로 여행을 떠나거나 모든 관계를 단절하고 은둔하는 꿈을 꾼다. 반복되는 일상과 틀에 박힌 관계의 압박이 심할수록 이런 꿈은 더욱더 강렬해지지만 동시에 마음속 깊은 곳에서는 큰 의심이 일어난다. **관계로부터 벗어나 자신을 찾는 것이 정말 자유일까?**

실존주의 철학자 사르트르는 이 물음에 강한 물음표를 붙인다. 자유는 인간의 실존 조건이지만, 이 자유는 오직 타인과의 관계를 통해 실현될 수 있다는 것이다. "인간 존재가 자유인 것은 인간 존재가 '충분히 존재하지는 않기' 때문이고, 인간 존재가 끊임없이 자기 자신으로부터 분리되고 있기 때문이다."[12]

우리가 존재한다는 것은 사르트르의 의미에서는 자기를 선택하는 일이다. 우리는 치과의사가 되어 다른 사람의 입을 수천 번 들여다볼 수도 있고, 치과의사를 때려치고 자신이 좋아하는 음식을 만들어 다른 사람의 입을 즐겁게 하는 요리사가 될 수도 있다. 우리가 할 수 있는 것은 결코 외부로부터 나에게 찾아오는 것이 아니라 내가 스스로 선택하고 결정하는 것이다. 그렇다면 진정한 자유란 타인으로부터 벗어나는 것이 아니라 타인과의 관계를 자율적으로 선택하고 가꿔가는 것이 아닐까? 그래서 인간 존재가 자유인 것은 아닐까?

이런 고민을 시작하려는 순간 우리는 현실을 생생하게 보도한 한 신문 기사에 곧 생각을 멈칫한다. 한국 사회가 '관태기'에 빠졌다는 것이다. '관계'와 '권태기'를 합성한 이 신조어는 현대인들이 관계로부터 오는 권태감을 느끼고 있다는 것을 표현한다. 어떤 일이나 상태에 시들해져서 생기는 싫증이나 염증이 권태라면, 현대인들은 그동안 성공과 자기실현을 위해 인맥을 쌓는 데 온 힘을 다했지만 이제는 관계 자체에 피로를 느껴 관계에서 탈피해 혼자 있고 싶어 하는 사람이 늘고 있다는 것이다.

왜 사람들은 관계에 갑자기 싫증을 느끼게 된 것일까? 유독 관계 맺기와 인맥 쌓기를 중요한 성공 요인으로 생각하는 한국 사회에서는 타인과 관계를 맺는 것이 목적 달성을 위한 수단으로 여겨지기 때문은 아닐까? 휴대전화에 수백 개의 전화번호가 입력되어 있고 하루에 수백 건의 SNS를 주고받아도 정작 필요할 때는 도움을 청할 사람이 별로 없다는 사실은 '관계 피로증'의 원인을 명백하게 보여준다. 우리가 그처럼 정성들여 쌓아온 관계가 우리를 자유롭게 하는 것이 아니라 오히려 억압하는 것이다. 성공은 자유의 조건이 아니다. 우리는 관태기를 겪으면서 비로소 사르트르의 인식에 도달한 것일까?

'자유롭다'는 말은 '자기가 원하는 것을 획득한다'는 의미가 아니라 오히려 그 반대로 '원하는 것(넓은 의미에서 선택하는 것)을 스스로 결정한다'는 의미다. 바꿔 말하면 성공은 자유에 있어서 전혀 중요한 것이 아니다.[13]

관계에 피로해하고 권태감을 느끼면서도 여전히 성공 지향적인 현대인들에게 사르트르의 이러한 인식이 과연 어떤 의미가 있을까 의심이 든다. 관계가 설령 우리를 억압하고 구속한다고 할지라도 우리는 관계를 떠나서는 살 수 없다. 우리는 오직 관계를 통해서만 자유를 실현할 수 있다. 타인은 우리 실존과 자유의 전제 조건이다.

지옥, 그것은 타인들이다

이 점을 가장 치열하게 사유한 사상가인 사르트르는 《존재와 무》 3부에서 철학적으로 매우 독창적인 타자론(他者論)을 전개한다. 권태기, 관계 피로증이 만연한 이 시기에 사르트르의 타자 이론은 이런 질문을 제기한다. '나에게 타자는 도대체 어떤 존재인가?' '나는 타자와 어떤 관계를 맺고 있는가?' '타자를 통해 드러나는 나는 누구인가?' 이러한 질문들이 여전히 문제라면 타인에 관한 사르트르의 말은 우리에게 더욱더 걸린다.

> 고문실에 관해 들려준 얘기들을 당신들도 기억하겠지. 불구덩이, 유황, 초열지옥의 고통. 아! 다 쓸데없는 얘기야. 벌겋게 달궈진 쇠꼬챙이 같은 것은 필요 없어. 지옥, 그것은 타인들이야(Hell is – other people).[14]

타인을 자기실현의 매개자나 동반자로 생각하기는커녕 언제라도 잡아먹을 것처럼 나를 노려보는 불편하고 해로운 시선으로 생각하는 오늘날, 사르트르의 이 말은 우리의 마음에 비수처럼 꽂힌다. "타인들이 지옥이다."

사르트르는 1944년 초연된 극작품 〈닫힌 방(Huis clos)〉에서 지옥에 던져진 세 명의 인물을 통해 타인의 존재 의미를 탐구한다. 앞에서 인용한 유명한 말을 한 가르생은 반전운동을 하다 탈영하던 중 사살된 언론인이지만 순종적인 아내를 학대하여 지옥에 떨어졌다고 생각한다. 이네스는 여자를 유혹하는 것을 매우 좋아하는 우체국 직원인데 유부녀를 꾀어 그녀의 남편을 자살하게 만들고, 결국 그녀마저 자책감에 이네스와 함께 자살하게 한다. 마지막으로 에스텔은 백치미를 가진 파리 출신의 사교계 여성으로서 아버지의 친구인 늙은 남자와 결혼했으나 젊은 애인과 바람나 그 사이에서 태어난 아이를 죽인다. 레즈비언인 이네스는 에스텔에 대한 사랑으로 애를 태우지만, 에스텔은 이를 모른 체하고 닫힌 방의 유일한 남자인 가르생에게 의지한다. 그렇지만 가르생은 이네스의 지적인 인정을 갈망한다.

이 세 인물들은 서로를 알지 못하지만 지옥에 던져졌다는 사실만은 알고 있다. 그들은 지옥에서 겪을 수 있는 최악의 상황에 대비하지만, 그들이 갇혀 있는 곳은 제2제정시대 스타일로 꾸며진 평범한 거실이다. 사르트르가 묘사한 지옥의 풍경은 뜨겁게 끓어오르는 유황불이 있는 곳도 아니고 각종 고문 도구가 즐비한 곳도 아니다. 그들은 모두 자신이 처한 상황에 관해 이성적으로 생각할 수 있을 정도로 지적이고, 죽은 후에도 서로 관계를 맺으려 노력한다. 이네스는 에스텔을 유혹하고, 에스텔은 가르생의 사랑을 갈구하고, 가르생은 이네스를 바라본다.

이러한 상황이 왜 지옥이란 말인가? 이 닫힌 방에 갇혀 있는 사람들에게 왜 타인들이 지옥인 것인가? 그들은 스스로가 고문하는 자가 되었다는 사실을 점차 알게 된다. 그들은 타인에게 끊임없이 고통을 주고 동시에 타인에 의해 고통을 당하도록 선고를 받은 것이다. 타인을 통해서만 나의 존재가 확인되기에 끊임없이 타인의 시선을 거울처럼 견뎌내야만 하는 것, 그것이 바로 지옥의 형벌이다. 이처럼 타인만이 존재하는 공간이 바로 우리의 실존 조건이라면 우리의 삶과 현실은 지옥과 다를 바 없는 것이다.

타자의 이중적 의미

그렇다면 타인의 존재는 우리에게 어떤 의미를 갖는가? 타인이 지옥이라면, 우리는 타인과의 관계를 단절하고 혼자 살아야 하는 것인가? 문제는 그렇게 간단하지 않다. 우리는 자신에 관한 진실을 얻으려면 반드시 타인을 거쳐야만 한다. 실존주의의 열기가 식었음에도 불구하고 우리가 사르트르에 끌리는 이유는 그가 타자의 이중성을 꿰뚫어보았기 때문이다.

타자는 나를 대상으로 바라보면서 나의 세계를 와해시키고 동시에 나에게 객체성을 부여하는 존재다. 사르트르는 이러한 타인의 존재론적 지위를 '시선(le legard, the look)'의 분석을 통해 설명한다. 사르트르가 《존재와 무》에서 제시하고 있는 두 가지 예를 살펴보자.

(예 1) 나는 지금 어느 공원 안에 있다. 내게서 멀지 않은 곳에 잔디밭이 있고, 그 잔디밭을 따라서 의자들이 놓여 있다. 남자 하나가 의자 옆을 지나간다. 나는 이 남자를 본다. 나는 그를 하나의 대상으로, 동시에 한

인간으로 파악한다. 그것은 무엇을 의미하는가? 내가 이 대상을 가지고 '그는 한 인간'이라고 인정할 때 나는 무엇을 말하려는 것인가?[15)

우리가 일상생활에서 어떤 대상을 바라볼 때의 상황을 평범하게 묘사하고 있는 이 장면에 특별한 것이 도대체 무엇인가? 사르트르가 '시선'이라는 제목을 달고 있는 장을 시작하는 것처럼 "이쪽으로 다가오는 것이 보이는 저 여자, 거리를 지나가는 저 남자, 창 밑에서 노래하는 소리가 들리는 저 거지, 그들은 나에게 있어서 대상이다. 그것은 의문의 여지가 없다."

우리는 이런 대상을 파악할 때 온갖 공간적, 시간적 범주를 다 적용한다. 예컨대 나는 그 남자를 의자 옆 잔디밭에서 2미터 20센티미터의 거리에 있는 대상으로, 또는 땅 위에 어느 정도의 압력을 가하는 물건으로 파악한다. 나는 이렇게 주위의 대상들을 바라보는 주체로서 대상 또는 객체로서의 잔디밭, 객체 의자, 그리고 객체 남자로 하나의 세계를 구성한다. 그 남자는 나의 세계를 구성하는 수많은 대상에 대해 단순히 부가적일 뿐이다. 그렇기 때문에 나는 내가 중심인 나의 세계를 변화시키지 않고서도 그 남자로부터 시선을 다른 곳으로 돌릴 수 있다. 이런 타인은 나에게 그저 인형 이외의 아무것도 아닌 하나의 대상에 지나지 않는다. 이것은 우리와 아무런 관계를 맺지 않는 객체 타인이다.

(예 2) 이를테면 내가 질투심에 불타서, 호기심이 일어나, 또는 못된 버릇이 고개를 쳐들어, 문에 귀를 바짝 붙이고 열쇠 구멍으로 안을 들여

다본다고 상상해보자. 나는 혼자이며 나를 설정하지 않는 의식의 차원에 놓여 있다. …… 그런데 갑자기 복도에서 발소리가 들려왔다. 누군가가 나를 보고 있다. 이것은 무엇을 뜻하는 것일까? 그것은 이런 것이다. 나는 갑자기 나의 존재에 습격을 받는다. 나의 구조 안에 본질적인 변화가 일어난다.[16]

우리는 다른 사람에게 들키지 않고 타인을 바라볼 수 있다고 종종 착각한다. 이런 존재론적 관음증은 왜곡된 유아론에 불과하다. 세상에는 타인을 바라보는 나를 바라보는 타인이 항상 존재하게 마련이다. 이 경우 타인은 나를 깜짝 놀라게 하고 나의 존재를 엿보는 사람의 존재로 고정시켜버린다.

나는 그렇게 들켜버린 것을 부끄러워한다. 우리가 부끄러워하는 상황을 상상해보자. 나는 방금 서툰 몸짓, 야비한 몸짓을 했다. 나는 그것을 판단하지도 않고 책망하지도 않는다. 그런데 나는 고개를 쳐들고 누군가가 그곳에서 나를 바라보고 있음을 깨닫는다. 나는 그렇게 행동한 것을 부끄러워한다. 여기서 내가 부끄러워하는 것은 바로 '나'이다. 그렇지만 내가 나 자신과 부끄러움의 관계를 맺도록 하는 것은 바로 타인의 시선이다.

타자의 나타남 자체에 의해 나는, 어떤 대상에 대해 판단을 내리는 것과 마찬가지로, 나 자신에 대해 판단을 내릴 수 있게 된다. 왜냐하면 나는 타자에게는 대상으로서 나타나기 때문이다.[17]

여기서 우리는 다시 예 1의 공원에 있는 남자로 돌아갈 필요가 있다. 우리가 그를 인형과 같은 하나의 대상으로만 파악하지 않고 동시에 한 '인간'으로 파악한다는 것은 무엇을 의미하는가? 사르트르에 의하면 우리는 그를 단지 대상으로만 파악하지만, 대상으로 파악된 그는 사실 하나의 주체로서 우리를 거꾸로 대상으로 바라볼 수도 있기 때문이다. 그러므로 내가 그를 하나의 인간으로 파악한다는 것은 타자가 항상 나를 볼 수 있다는 가능성을 의미한다. 사르트르는 이러한 타인의 존재 의미를 이렇게 간단하게 표현한다. "타자에 의해 보이고 있는 것은 타자를 보고 있는 것의 진리다."[18]

자기전시 시대의 자유와 사랑

우리 자신을 남에게 보여줌으로써 자기 자신을 찾고자 하는 '자기전시(self-presentation)' 시대에 사르트르의 인식은 이미 현실이 된 것처럼 보인다. 페이스북, 인스타그램과 같은 SNS를 통해 유통되는 수많은 이미지를 보면 모두 타인의 시선을 갈구하는 것처럼 보인다. 그렇다면 타인의 시선을 통해 자기를 발견하고자 하는 현대인들이 타인과의 관계에 피로를 느끼는 것은 무엇 때문일까?

우리는 타자를—사르트르가 예리하게 분석한 것처럼—주체와 객체로서 이중적으로 보는 것이 아니라 오직 목적 달성의 수단으로서, 즉 객체로서만 보는 것은 아닐까? 대상으로서의 타자는 더 이상 우리의 존재 근거를 밝혀주는 비밀이 아니다. 그렇다면 우리는 타인을 어떻게 대해야 하는 것일까?

> 타자는 '나를 바라보는 자'이다. 그런 자로서 타자는 내 존재의 비밀을
> 쥐고 있다. 타자는 내가 '무엇인지' 알고 있다. 그러므로 내 존재의 깊은
> 의미는 나의 밖에 있고, 하나의 부재 속에 갇혀 있다.[19]

나의 존재의 비밀을 알고 있을 뿐만 아니라 내가 누구인지 속속들이 꿰뚫어보지만 동시에 나의 존재에 의미를 부여하는 타자는 과연 어떤 사람인가? 이런 질문을 받으면 우리는 어렵지 않게 사랑하는 사람을 떠올린다. 권태기를 겪는 사람들이 도피하는 마지막 타인들이 '사랑하는' 가족이란 사실이 이를 증명해주지 않는가. 그러나 사르트르는 이러한 도피 역시 실패할 것이라고 단언한다.

> 사랑받기 이전에는 우리가 우리의 존재라고 하는, 합리화되지 않고 또
> 합리화될 수도 없는 이 혹에 대해 불안했던 것과는 반대로, 즉 우리가 우
> 리를 '쓸데없는 잉여 존재'로 느끼고 있었던 것과는 반대로, 지금 우리는
> 우리의 이 존재가 그 구석구석까지 타자의 이 절대적인 자유에 의해 다시
> 회복되고 욕구되고 있음을 느낀다. 동시에 우리의 존재는 타자의 이 절대
> 적인 자유에 조건을 부여하고 있고, 또 우리는 자신에게서 우리 자신의
> 자유를 갖고 타자의 이 절대적인 자유를 욕구하고 있는 것이다.[20]

그 어떤 이유로도 정당화될 수 없는 부조리한 나의 존재에 실존의 근거를 부여하는 타인의 사랑, 타인을 완전히 자유롭게 만들고자 하

는 자신의 자유의지에서 나오는 완전한 사랑. 이렇게 자유와 자유의 만남이라고 부를 수 있는 사랑은 결코 실현되지 않는다. 그것은 망상이다. 왜냐하면 나에게 적용되는 것은 모두 타자에게도 적용되기 때문이다.

내가 원하는 것은 타자도 강렬하게 원하는 것이다. 내가 타자의 지배로부터 나를 해방시키려 한다면, 타자는 나의 지배로부터 자기를 해방시키려 시도한다. "내가 타자를 굴복시키려고 궁리하는 동안 타자는 나를 굴복시키려고 궁리한다."21)

사랑은 이처럼 일방적 관계가 아니라 상호적 관계다. 사랑하는 사람은 동시에 사랑을 받고 싶어 한다. 이것이 현실적 진리다. 사랑을 받기 위해서는 타인을 유혹해야 한다. 그런데 타인을 유혹한다는 것은 나의 존재를 하나의 대상으로서 완전히 타인의 시선 밑에 둔다는 것을 의미한다. 내가 타인에 의해 대상화되는 위험을 감수하지 않고서는 결코 타인을 사랑할 수 없는 것이다.

내가 사랑하는 타인은 이렇게 나를 존재시킴으로써 나를 소유하고, 나는 타인을 존재시킴으로써 그를 소유한다. 이처럼 사랑의 관계조차도 타인의 시선에 의해 대립할 수밖에 없는 갈등과 투쟁의 관계다. 우리는 결코 타인이 원하는 방식대로 그를 바라보지 않는 것처럼, 우리 역시 우리가 원하는 모습으로 타인에 의해 보이지 않는다.

우리는 타인을 결코 완전히 알 수 없다. 그것이 바로 자유와 사랑의 전제 조건이다. 우리는 지금 타인에게 어떻게 보일지에만 관심을 가질 뿐 타인의 시선을 통해 자신의 진정한 모습을 알고 싶어 하지 않는지도 모른다. 이런 의심이 드는 현대인들에게 사르트르는 자신의 존재에 적극적으로 참여하기를 원하면서 이렇게 말한다.

앙가주망이 발생하는 그 순간부터 나는 나의 자유를 원하는 동시에 타인들의 자유를 원하지 않을 수 없으며, 또한 타인들의 자유를 목적으로 취할 경우에만 나의 자유를 목적으로 취할 수 있습니다.[22]

8장

베냐민, 예술을 의심하다

"예술 생산에서 진품성을 판가름하는 척도가 그 효력을 잃게 되는 바로 그 순간, 예술의 모든 사회적 기능 또한 변혁을 겪게 된다."

발터 베냐민,《기술복제시대의 예술작품》

1.

예술을 예술로 만드는 것은 무엇인가

1964년 4월 뉴욕의 스테이블 갤러리의 전시회에 초청을 받은 사람들은 전시장을 들어설 때 잘못 찾아왔다고 생각할 정도로 혼란스러웠을 것이다. 그들을 맞이한 전시장은 식료품 상점처럼 보였다. 사과주스, 복숭아, 토마토주스, 케첩, 콘플레이크, 청소 도구 등의 표시가 되어 있는 상자들이 천장까지 쌓여 있었다.

대부분의 방문객은 이런 의심을 품었을 것임이 틀림없다. '이것이 과연 예술인가?' 이 방문객들 중에는 당시 컬럼비아 대학교의 젊은 교수인 아서 단토(Arthur Danto, 1924~2013)도 있었는데, 그는 전체 예술 이론에 혁명을 가져온 이 체험을 통해 자신의 예술을 발전시켰다고 회상한다.

우리가 오늘날 창고형 매장에서 쉽게 눈에 띄는, 높이 쌓여 있는 상자들을 보면서 느낀 혁명적 체험은 어떤 것일까? 잘 알려진 것처럼 이 상자를 쌓아놓은 사람은 젊은 예술가 앤디 워홀(Andy Warhol, 1928~1987)이었다. 그 상자들의 일부는 슈퍼마켓에서 구할 수 있는 진짜 상자들이었고, 또 일부는 진짜처럼 그린 브릴로 상자(Brillo Box)들이었다. 워홀은 이 전시회로 예술의 전통적인 규칙과 본질을 근본적으로 뒤집어놓았다.

사람들은 통상 예술가가 열과 성을 다해 만든, 다시 말해 예술가의 혼이 담긴 작품이 오리지널이라고 생각한다. 나무 상자나 캔과 같은 싸구려 대량 생산품은 모조품으로 여겨진다. 워홀은 이런 예술의 공식을 뒤집은 것이다.

식료품 상점에 쌓여 있는 상자는 물론 예술 작품이 아니다. 그렇지만 스테이블 갤러리에 전시된 나무 상자는 예술 작품이다. 워홀과 다른 팝아트 예술가들은 똑같이 보이는 두 대상들 중에서 하나는 예술 작품이 될 수 있고, 다른 하나는 될 수 없다는 점을 보여준 것이다. 예술사에서 이보다 혁명적인 사건도 없을 것이다.

오늘날 우리 모두는 예술과 관련하여 강한 의심을 품고 있는 것처럼 보인다. **'무엇이 예술 작품인가?' '어떤 작품을 예술 작품으로 만드는 것은 도대체 무엇인가?'** 대부분의 사람들은 현대 예술을 어렵고 이해할 수 없는 것으로 생각한다.

한때는 대답이 분명했다. 다빈치, 렘브란트, 보티첼리, 페르메이르,

고흐, 정선과 같은 예술가들이 그린 아름다운 그림이 예술 작품이었다. 어떤 사람은 페르메이르의 〈진주 귀고리를 한 소녀〉를 더 좋아하고, 또 어떤 사람은 고흐의 〈별이 빛나는 밤〉을 더 좋아하는 개인적 취향은 다를 수 있어도 예술 작품의 본질과 기준은 이론의 여지가 없어 보였다.

그런데 어느 날 갑자기 앤디 워홀은 상자를 쌓아놓고 예술 작품이라고 하고, 마르셀 뒤샹(Marcel Duchamp, 1887~1968)은 시장에서 쉽게 구할 수 있는 변기를 받침대 위에 올려놓고 〈샘〉이라는 예술 작품으로 전시한다. 도대체 예술에 어떤 일이 일어난 것인가?

예술이 특정한 방식으로 정의되면, 예술가들은 그러자마자 이 예술의 정의를 뒤집고 해체시키려고 애쓰는 것처럼 보인다. 1747년 프랑스의 예술철학자 샤를 바퇴(Charles Batteux, 1713~1780)가 예술을 '아름다운 자연의 모방'이라는 하나의 원칙으로 환원하려 했지만, 이러한 시도는 실패한 것처럼 보인다. 사회의 물질적 조건이 변화하여 우리의 지각 방식이 바뀌면 결국 예술도 변화하기 때문이다.

예술은 더 이상 예술가의 작품이 아니다

예술의 본질은 존재하지 않는다. 예술이 추구하는 아름다움도 플라톤이 생각한 것처럼 변하지 않는 것이 아니다. 우리 삶과 사회의 물질적 조건을 결정하는 기술은 결국 예술의 기능과 역할마저 변화시킨다.

아도르노, 호르크하이머와 같은 철학자들과의 친교로 프랑크푸르트학파로 분류되기도 하지만, 오히려 비주류의 독창적인 철학자 발터 베냐민(Walter Benjamin, 1892~1940)만큼 이러한 예술의 운명을 가장 정확하게 포착한 사람도 없을 것이다. 1935년 파리 망명 시기에 집필하고 1936년에 발표한 그의 대표적인 저서《기술복제시대의 예술작품(Das Kunstwerk im Zeitalter seiner technischen Reproduzierbarkeit)》은 현대 예술의 기능과 발전 방향을 예리한 촉수로 잡아낸다.

베냐민은 예술이 사진과 영화와 같은 복제 기술의 발전으로 인해 혁명적이고 본질적인 변화를 겪고 있다고 말한다. 현대에 발전된 대량 복제 기술은 한편으로는 현실의 재현과 모방의 방식을 변화시켰고, 다른 한편으로는 예술을 바라보는 집단적 지각 형식을 바꿔놓았기 때문이다. 그는 1936년과 1939년 사이에 수정하여 마지막 판본으로 발표한 제3판을 폴 발레리(Paul Valéry, 1871~1945)의 인용문으로 시작한다. 과학과 기술이 결국에는 예술의 본질마저 변화시킬 것이라는 인식은 오늘날에도 여전히 타당하다.

> 모든 예술에는 이제 더 이상 이전처럼 관찰되거나 다루어질 수 없는 물질적 부분이 있다. 그 부분은 현대 과학과 현대의 활동에서 가해져올 영향들을 더 이상 벗어날 수 없다. 물질이든, 공간이든, 시간이든, 20년 전부터 그것들은 오래전부터 떠어온 모습이 아니다. 우리는 엄청난 혁신들이 예술의 테크닉 전체를 변모시키고, 그로써 발명 자체에 영향을 끼치며, 결국에는 예술의 개념 자체를 가장 마법적인 방식으로 변화시키는 데까지 이를지 모른다는 점을 각오하지 않으면 안 된다.[1]

오늘날 우리의 삶의 물질적 조건을 결정하는 것은 의심의 여지없이 과학과 기술이다. 발터 베냐민은 마르크스의 유물론에 입각하여 하부구조인 물질적 토대가 변화하면 상부구조 역시 변화한다고 전제한다. 이제까지 상부구조에 속한다고 여겨진 예술 역시 변화할 수밖에 없는 것이다.

이런 의미에서 베냐민은 자신의 저서를 "유물론이라 칭할 수 있는 최초의 예술 이론"[2]이라고 주장한다. 여기서 우리는 유물론적 예술 이론이라는 말에 혼란스러워할 필요는 없다. 중요한 것은 사진과 영화와 같은 복제 기술의 발전으로 말미암아 예술의 개념 자체가 근본적으로 변화한다는 사실이다.

예술 작품은 더 이상 예술가의 작품이 아니다. 우리는 이 충격적 현상을 어떻게 이해할 것인가? 마르셀 뒤샹은 시장에서 살 수 있는 기성 제품을 전시실의 받침대에 올려놓았다. 이 제품은 결코 아름다운 자연을 묘사하지 않는다. 이 제품은 어떤 예술가의 혼이 어린 성과물도 아니다. 그것은 일상생활에서 사용하는 제품과 구별되지 않는다. 그것은 전통적 개념과 기준에 의하면 결코 예술 작품이 아니다.

그럼에도 뒤샹이 〈샘〉이라고 명명한 이 변기는 예술 작품으로 인정받고 있다. 베냐민의 말처럼 새로운 복제 기술은 "창조성과 천재성, 영원한 가치와 비밀 같은 일련의 전승된 개념들을 폐기시킨다."[3] 물론, 베냐민은 이러한 경향을 결코 부정적으로 바라보지 않는다. 예술에 관한 전통적 개념은 더 이상 타당하지 않으며, 새로운 예술은 더 이상 아름다움을 추구하려 하지 않는다. 그럼에도 예술은 계속 예술이고자 한다.

예술을 예술로 만드는 것, 아우라

베냐민은 복제 기술의 발전으로 새롭게 등장하는 예술의 경향을 긍정적으로 평가했지만, 사람들은 오히려 전통 예술의 붕괴를 서술하는 그의 용어에 끌린 것처럼 보인다. "아우라(Aura)의 붕괴."[4] 설령 그의 책《기술복제시대의 예술작품》을 읽지 않았을지라도 이 책의 대표적인 용어 '아우라'는 기억한다.

'공기'·'미풍'·'숨결'·'분위기'를 뜻하는 그리스어에서 유래하는 이 단어는 그리스 신화에서는 '아침 산들바람의 여신'을 가리켰다. 이 용어가 로마 시대에는 시각적인 것으로 확대되어 '광채' 또는 '광휘'를 의미하여 '어떤 사물이 독창적으로 내뿜는 아름답고 정기 있는 밝은 빛'을 의미하기도 했다. 전통적 의미에서 어떤 작품을 예술 작품으로 만드는 것은 바로 아우라이다. 그리고 이 아우라는 '원작의 진품성'에서 나온다.

> 진품성의 영역 전체는 기술적 복제의 가능성에서 벗어나 있고, 물론 기술적 복제뿐만 아니라 다른 어떤 복제의 가능성에서도 벗어나 있다.[5]

아우라는 우리에게 나타나는 현상이다. 아우라는 모든 사물에서 나타난다. 베냐민이 예로 든 것처럼 아우라는 자연현상에서도 나타난다.

> 어느 여름날 오후 휴식 상태에 있는 자에게 그늘을 드리우고 있는 지

평선의 산맥이나 나뭇가지를 따라갈 때, 이것은 우리가 산이나 나뭇가지의 아우라를 숨 쉰다는 뜻이다.[6]

우리가 안개에 싸인 베네치아의 해안가를 걸으면서 독특한 아우라를 느꼈다고 하더라도, 여행 사진은 결코 이 아우라를 함께 재현하지 못한다. 복제가 아무리 완벽하더라도 예술 작품이 갖고 있는 일회성은 복제하지 못한다. "예술 작품의 여기와 지금으로서, 곧 예술 작품이 있는 장소에서 그것이 갖는 일회적인 현존재"를 복제할 수 없다면, 예술 작품의 아우라는 예술가가 창조한 원작의 일회성에서 기인한다.

그렇다면 우리는 원작의 진품성에서 나타나는 예술 작품의 아우라를 어떻게 느끼는가? 베냐민에 의하면 그림을 그릴 때 아우라를 함께 그린 고흐의 후기 작품처럼 아우라의 개념을 정확하게 전달하는 예도 없다고 한다. 고흐의 1886년 작품 〈신발〉을 감상하면서 하이데거의 말을 들어보자.

신발의 닳아 해어진 안창이 어둡게 벌어진 곳에는 노동자의 고난한 발걸음이 짙게 묻어난다. 거칠지만 튼튼한 신발의 무게에는 널리 뻗어 있는 지루할 만큼 똑같은 밭고랑을 힘겹게 천천히 걸어가는 농부의 강인함이 쌓여 있다. 밭 위에는 거친 바람이 분다. 신발 가죽에는 땅의 습기와 짙은 토양이 묻어 있다. 해가 저물면서 신발 바닥 밑으로는 들길의 고독이 미끄러져 간다. 신발 속에는 대지의 고요한 외침, 익어가는 곡식의 조용한 선물, 그리고 겨울 들판 황량한 휴경지의 알 수 없는 단념이 떨려온다. 먹

거리의 안정에 관한 불평하지 않는 걱정, 궁핍을 다시 이겨냈다는 말없는 기쁨, 임박한 아이 탄생의 전율과 사방에서 우리를 위협하는 죽음의 전율이 이 물건의 구석구석에 스며들어 있다. 이 물건은 대지에 속한다. 그리고 그것은 농부 아낙네의 세계에서 보호받는다. 이렇게 보호받는 소속으로 인해 이 물건은 스스로 자신의 내면에 안주한다.[7]

고흐의 〈신발〉에 관해서는 여러 철학자가 글을 남겼지만, 하이데거가 〈예술 작품의 기원(Der Ursprung der Kunst werkes)〉(1935)에서 서술하고 있는 이 부분만큼 베냐민의 '아우라' 개념을 더 잘 설명하지는 못한다. 이 신발을 바라보면서 단지 하나의 생활용품을 인식하는 것이 아니라 이 신발을 신고서 힘들고 고된 밭일을 했을 농부의 고난과 고독을 느꼈다면, 그것은 이 신발에 묘사된 아우라를 숨 쉰 것이다.

오늘날 이 그림을 바라보면서 농부의 고된 삶과 농부와 세계의 관계를 느끼는 사람이 과연 몇이나 될까? 이 그림을 그린 화가가 천재적인 고흐라는 사실을 알고 나면 아우라를 느낄 수 있을까? 우리는 흔히 어떤 것이 그것으로서 존재할 수 있게 하는 것을 '근원' 또는 '본질'이라고 한다. 통상적인 견해에 의하면 예술 작품이 예술 작품으로서 존재할 수 있는 것은 예술가가 그것을 창조했기 때문이다.

무엇이 예술인가

예술 작품의 근원은 예술가이다. 그렇지만 예술가가 예술가로서 존재할 수 있는 것은 그가 창조한 예술 작품 때문이다. 이런 의미에서 예술가의 근원은 예술 작품이다. 예술가는 이처럼 대상을 아무리 사실적으로 묘사하더라도 함께 묘사될 수 없는, 그래서 멀리 떨어져 있는 아우라를 느끼게 할 수 있어야 한다.

자연적 대상의 아우라를 아무리 가까이 있더라도 멀리 떨어져 있는 어떤 것의 일회적인 현상이라고 정의내릴 수가 있다.[8]

그렇다면 오늘날 어떤 작품을 예술 작품으로 만드는 것은 과연 무엇

인가? 워홀, 뒤샹과 같은 예술가라고 할 수 있다. 그런데 이들은 어떤 작품을 창조하는 것이 아니라 이미 만들어진 기성 제품을 단지 '예술'로서 전시한다. 무엇이 과연 예술인가?

고흐와는 달리 수많은 신발의 드로잉 작품을 남긴 앤디 워홀의 〈신발〉을 보면 결코 하이데거가 말하는 존재의 심원한 비밀이 느껴지지 않는다. 그의 드로잉 작품들은 하이힐, 예장용 구두, 보석이 박힌 뾰족 구두처럼 상업적인 목적의 패션 일러스트레이션이다. 워홀의 신발 이미지들은 지극히 피상적이다. 결코 숨겨진 존재의 비밀을 추구하지 않는다. 그렇다면 고흐와 워홀 사이에는 어떤 일이 벌어진 것인가?

이에 대한 베냐민의 통찰은 예리하고 정확하다. 그는 결코 전통 예술과 밀접하게 결합된 '아우라'를 찬미하지도 않고, 그 붕괴를 애통해하지도 않는다. 베냐민은 오히려 "지각의 매체에서 일어나고 있는 변화들을 아우라의 붕괴로 파악할 수 있다면, 우리는 그것의 사회적 조건들을 제시해야 한다."[9]라고 말한다. 베냐민의 관심은 아우라의 붕괴보다는 그것을 초래한 기술 복제 시대의 사회적, 물질적 조건인 것이다.

그렇다면 기술 복제 시대는 어떻게 예술과 예술 작품을 근본적으로 변화시키는가? 베냐민은 21세기를 특징짓는 '복제'가 예술에도 적용될 것이라는 것을 예견하면서 그 이유를 세 가지 명제로 설명한다.

첫째, 기술적 복제는 수공적인 복제보다 더 큰 독자성을 가진다. 지금도 끊이지 않는 위작 논란을 보더라도 예술 작품은 항상 복제가 가능했다. 예술가가 자연을 모방한 예술 작품은 다른 사람들에 의해 모방되었다. 이제는 원작과 모사를 구별할 수 없을 정도로 복제가 기술적으로 가능할 뿐만 아니라 원작보다 훨씬 더 현실적인 이미지를 제공한다.

사진에서는 자유자재로 조정할 수 있는 렌즈로는 포착되지만 인간의 육안에는 미치지 못하는 원작의 모습들을 강조해서 보여줄 수도 있고, 또 확대나 고속 촬영술과 같은 기계적 조작의 도움을 받아 자연적 시각이 전혀 미치지 못하는 이미지들을 포착할 수 있다.[10]

이처럼 기술적 복제를 통해 예술 작품의 물질적 지속성이 사람의 손을 떠나면 예술 작품의 가치와 권위는 흔들리게 된다. 오늘날 루브르 박물관을 방문하지 않고서도 수많은 경로를 통해 〈모나리자〉를 감상할 수 있는 현실은 기술 복제의 위력을 느끼게 하지 않는가.

둘째, 전통 예술에서 손이 담당했던 예술적 임무들은 이제 기술 복제를 통해 눈이 담당하게 된다. 기술 복제는 그야말로 손의 해방과 눈의 부상이라고 해도 과언이 아니다.

눈은 손으로 그리는 것보다 더 빨리 대상을 포착하기 때문에 영상의 복제 과정은 말하는 것과 보조를 맞출 수 있을 정도로 엄청나게 빨라졌다.[11]

오늘날 우리 사회를 지배하는 복제 기술은 대부분 시각적이다. 우리는 첨단 시각 기술을 통해 보이지 않는 것을 보이게 만들고, 감히 파악할 수 없었던 우주조차 시각화한다. 손의 예술에서 눈의 예술로 중심이 옮겨가면서 예술의 기능이 바뀌는 것은 당연한 일이다.

셋째, 현대의 기술 복제는 예술 작품의 '제의 가치'를 밀어내고 '전시 가치'를 부상시킨다. 예술이 종교와 같은 사회적 기능으로부터 해방되어 독립한 것은 최근의 일이다. 예술과 미학의 독립에도 불구하고 예술은 항상 사회적 기능과 밀접하게 연결되어 있다.

석기 시대의 동굴벽화가 일종의 마법적 도구였다면, 중세의 신상과 성모상 같은 예술 작품들은 그 가치를 제의적 기능에서 얻었다. 예술 활동이 이러한 의식으로부터 해방되면 될수록, 그 산물인 예술 작품들은 더욱더 대중에게 전시된다. 어떻게 전시되는가가 예술을 결정한다고 해도 과언이 아니다.

인터넷을 통해 유통되는 수많은 사진 이미지를 보라. 한때는 사람의 얼굴이 제의 가치의 마지막 보루로서 기술 복제에 저항했지만, 자신을 드러내기 위해 다양한 경로로 전시된 셀피 이미지들에는 그 어떤 아우라도 보이지 않는다.

그렇다면 우리가 시작한 질문은 여전히 해결되지 않은 채 우리를 괴롭힌다. 무엇이 어떤 작품을 예술 작품으로 만드는가? 우리는 어떤 것을 예술 작품으로 인지하고 감상하는가? 예술 작품의 근원은 분명 예술가이다. 예술가들은 끊임없이 예술가가 되기 위해 자신의 예술에 근거를 제시한다. 이 근거들이 사회적으로 수용될 때 비로소 예술이 되는 것일까? 베냐민의 의심은 여전히 유효하다.

예술 생산에서 진품성을 판가름하는 척도가 그 효력을 잃게 되는 바로 그 순간, 예술의 모든 사회적 기능 또한 변혁을 겪게 된다. 예술이 제의에 바탕을 두었었는데, 이제 예술은 다른 실천, 즉 정치에 바탕을 두게 된다.[12]

"인류의 자기소외는 인류 스스로의 파괴를 최고의 미적 쾌락으로 체험하도록 하는 단계에까지 이르렀다. 이것이 파시즘이 행하는 **정치의 심미화**의 상황이다. 공산주의는 **예술의 정치화**로써 파시즘에 맞서고 있다."

발터 베냐민, 《기술복제시대의 예술작품》

2.

미디어는 정치적인가

"어차피 대중들은 개, 돼지입니다. 적당히 짖어대다가 알아서 조용해질 겁니다." 2015년 대한민국을 뒤흔든 우민호 감독의 영화 〈내부자들〉에서 논설주간 이강희가 냉소적으로 내뱉은 명대사이다. 대한민국 사회의 민낯을 적나라하게 까발린 것으로 평가되는 이 영화는 수많은 관객을 끌어모았다.

사람들이 구름처럼 영화관에 몰려든 이유가 이 영화의 예리한 비판성 때문인지, 아니면 왜 이래야만 하는지 그 까닭을 도무지 알 수 없는 썩어빠진 현실에 대한 무기력한 대리 만족 때문인지는 모르지만, 이 영화의 메시지는 여전히 우리의 사회적 무의식을 지배하고 있는 것처럼 보인다. "적당한 시점에 적당한 안줏거리를 던져주면 그만입니다. 어차피 그들이 원하는 건 진실이 아닙니다." 진실의 전달을 사명으로 하는 미디어에 종사하지만 그 권력에 길들여진 이 언론인의 말은 '현실 속의 진리'를 여과 없이 전달한다. 솔직하다, 그리고 끔찍하다.

이 영화를 관람한 대중들이 얼마나 진실과 정의에 관심이 있는지는 모르지만, 한 가지 분명한 사실은 대중들의 관심이 영화를 구성하는 수많은 이미지의 운동처럼 끊임없이 부유한다는 것이다. 그렇기 때문에 우리가 현실을 인식하고 재현하기 위해 영화를 보는 것이 아니라 영화를 통해 현실을 바라본다는 사실이 전혀 이상한 일이 아니다. 전달한 메시지가 있어 미디어가 있는 것이 아니라, 미디어는 스스로 메시지를 만들어내기 때문이다.

영화는 21세기의 가장 강력한 미디어로서 이렇게 정치가 된다. 정치인들은 영화를 정치적 행위의 수단으로 사용한다. 2016년 8월 20일 박근혜 대통령은 영화 〈인천상륙작전〉을 관람했다. "위기에 처한 조국을 위해 헌신한 호국 영령의 정신"을 되새기고 "북한의 핵 위협 등 안보 문제와 관련해 국민이 분열하지 않고 단합된 모습으로 위기를 극복해야 한다."는 신념에서 이 영화를 관람했다고 한다.

부부 싸움을 하는 와중에도 국기에 대한 경례를 하는 장면이 등장하는 〈국제시장〉에 관해서도 박근혜 대통령은 우리 공동체가 역경 속에서도 발전해나갈 수 있는 원동력을 언급한다. 영화를 정치적 수단으로 삼는 것이 물론 박근혜 대통령만은 아니다. 정치인들은 자신의 이념과 가치를 부각시키기 위해 구미에 맞는 영화를 관람한다. 영화는 이미 예술 작품이 아니라 정치적 행위의 미디어이다.

영화의 이러한 참다운 의미와 혁명적 가능성을 꿰뚫어본 철학자가 바로 발터 베냐민이다. 기술 복제 시대의 사진과 영화는 전통적 예술 작품과는 질적으로 다른 매체다. 이 매체는 결코 우리에게 주어진 자연을 모방하거나 재현하지 않는다. 전통 예술에서는 표현되어야 할 '메시지'가 먼저 있고 그다음에 이를 재현할 수 있는 '미디어'를 찾았다면, 기술 복제 시대의 미디어는 그 자체의 속성과 영향으로 스스로 메시지를 만들어낸다.

발터 베냐민은 마셜 매클루언에 앞서 "미디어는 메시지라는 사실"[13]을 발견한 것이다. 그렇다면 사진과 영화와 같은 기술 복제 시대의 미디어는 어떻게 메시지를 만들어내는 것인가? **그리고 영화는 어떻게 정치적 행위의 수단이 된 것인가?**

> 인간의 지각이 조직되는 종류와 방식—즉 인간의 지각이 조직화되는 매체—은 자연적으로뿐만 아니라 역사적으로 조건 지어져 있다.[14]

> 인류의 자기소외는 인류 스스로의 파괴를 최고의 미적 쾌락으로 체험하도록 하는 단계에까지 이르렀다. 이것이 파시즘이 행하는 정치의 심미화의 상황이다. 공산주의는 예술의 정치화로써 파시즘에 맞서고 있다.[15]

베냐민을 현대 매체 미학의 선구자로 바라보면, 우리는 이를 대변하는 앞의 두 명제와 맞닥뜨리게 된다. 첫째 명제가 기술 복제 시대에 인간의 지각 구조가 근본적으로 변화하고 있다는 사실을 알려준다면, 《기술복제시대의 예술작품》을 마무리하는 둘째 명제는 우리를 깊은 의문에 빠뜨린다.

기술 복제 시대에 전쟁에 의한 인류의 파괴가 최고의 미적 쾌락으로 체험된다는 것은 무엇을 말하며, 이러한 체험이 '정치의 심미화'와 '예술의 정치화'로 표출되고 있다는 것은 도대체 무엇을 의미하는가? 기술 복제 시대의 예술 작품과 발터 베냐민이 온몸으로 체험한 세계 대전 사이에는 어떤 관계가 있는 것인가?

영화와 정치에 관한 베냐민의 독창적인 관점을 이해하려면 위의 두 명제를 이어줄 수 있는 다리를 놓아야 한다. 베냐민은 사진과 영화와 같은 미디어의 발전으로 인간의 지각을 조직하는 방식이 바뀌었다는 전제로부터 출발한다. 우리가 잘 알고 있는 것처럼 정치는 대중의 지각을 조직하고 동원하려 한다. 여기서 영화와 정치 사이의 연관 관계가 어렴풋이 드러난다.

그렇다면 영화와 정치는 어떻게 대중의 지각을 조직하는가? 정치가 선동 및 선전을 통해 대중을 특정한 정치적 이념으로 이끌고자 하는 것은 이미 오래된 전통이지만, 그 목적이 뚜렷할수록 이에 대한 저항은 증대하기 때문에 그 효과는 반감한다. 이런 관점에서 보면 진보적 정치인이 〈변호인〉이라는 영화를 보고 보수적 정치인은 〈인천 상륙작전〉을 봄으로써 대중에게 정치적 영향력을 미치려는 것은 오히려 순박한 셈이다. 그 의도가 누구에게나 읽히기 때문이다. 이에 반해 새로운 미디어는 우리의 무의식을 겨냥한다. "우리는 정신분석학을 통하여 충동의 무의식적 세계를 알게 된 것처럼 카메라를 통하여 비로소 시각적 무의식의 세계를 알게 된다."[16]

영화는 우리의 무의식에 영향을 줌으로써 우리가 현실을 지각하는 방식을 근본적으로 바꿔놓는다. 카메라에 비치는 현실은 우리의 눈에 비치는 현실과 다르다. 카메라는 우리의 눈이 지각하지 못하는 것을 보게 만듦으로써 "인간의 의식이 작용하는 공간의 자리에 무의식이 작용하는 공간이 대신 들어선다."[17]

카메라가 바꿔놓은 인간의 지각 방식

우리는 이제 이러한 시각적 무의식 공간이 어떻게 만들어지는지 알아봐야 한다. 이 모든 것이 이미지를 생산하고 재현하고 복제하는 기술과 연관이 있다. 전통 예술에서는 이미지를 만드는 것은 주로 화가 또는 필경사의 손이었다. 사진술이 발명되면서 손은 영상의 복제 과정에서 해방되고, 그 임무는 이제 렌즈를 투시하는 눈으로 넘어갔다. 다른 모든 감각기관 중에서 유독 시각의 해방과 절대화는 전혀 다른 무의식의 세계를 만들어낸다.

첫째, 카메라는 영화배우를 구체적 무대와 현실로부터 분리시킨다. 연극에서는 무대 배우가 관객과 호흡을 통해 연기하지만, 영화배우의 연기는 카메라를 통해 제시된다. 영화배우의 연기를 감상하고 평가하는 관중이 없다는 것이 어떤 결과를 초래할지 상상해보라. 사진을 찍어본 사람은 누구나 체험하는 것이지만, 왜 우리는 카메라 앞에만 서면 바보처럼 경직되는 것인가?

언젠가 방송국에서 전문 사회자를 만난 적이 있다. 촬영이 시작되기 전에 간단한 대화를 나눌 때는 수줍어하던 사람이 정작 촬영이 시작되자 전혀 다른 모습으로 변하는 것을 보고 놀랐다. 카메라 앞에서 어떻게 그렇게 자연스러울 수 있냐는 질문에 아주 간단한 대답이 돌아왔다. 카메라를 기계로 생각하지 않고 연인이라고 생각하세요!

대부분의 사람들은 거울 속에 비친 자기 모습을 낯설게 느끼는 것처럼 기계 앞에서 포즈를 잡고 연기하는 것을 낯설게 생각한다. 이런 관점에서 보면 카메라 앞에서 자기 자신을 연기한다는 것은 카메라와 자기 자신을 동일시한다는 것을 의미한다.

> 관중은 그들이 카메라와 일치감을 느낄 때라야만 배우와도 일치감을 느끼게 된다. 따라서 관중은 카메라의 태도를 취한다. 즉 관중은 테스트한다.[18]

관중은 영화를 보면서 스스로 카메라가 된다. 영화 속의 주인공과 종종 자신을 동일시하기도 하지만, 이것은 근본적으로 연극에서 무대 배우와 호응하는 것과는 질적으로 다르다. 영화배우가 관객 없이 카메라 앞에서 연기하는 것처럼, 영화 관중은 영화배우 없이 카메라를 통해 제시된 현실을 지각한다. 그것이 어떤 경우에는 현실보다 더 현실같이 보일지 모르지만 카메라를 통해 추상화된 현실일 뿐이다.

둘째, 영화는 단편적 영상들을 조직함으로써 현실에 관한 이미지를 만들어낸다. 전체는 부분의 합보다 크다는 전통적 인식은 영화를 통해 산산이 부서진다. 전통 예술에서 화가가 만들어내는 이미지는 전체적 이미지이고, 영화의 카메라맨의 영상은 개별적으로 찍은 수많은 단편적 영상들이 조립되어 만들어진 이미지다.

영화예술에서 부분은 전체에 우선한다. 화가들이 그림을 그릴 때에도 오랜 시간이 걸릴 수 있지만, 그렇다 하더라도 모든 작업은 하나의 전체적 이미지에 맞춰져 있다. 이에 반해 영화의 작업은 수많은 부분의 이미지들을 어떻게 조립할 것인가에 초점을 맞춘다. 영화가 만들어내는 환영은 바로 이러한 조립의 효과이다.

이렇게 부분이 전체에 우선함으로써 영화의 카메라가 현실에 접근하는 방식도 변화한다. 베냐민은 마술사와 외과 의사를 비교함으로써 카메라맨의 기능을 인상적으로 설명한다. 손을 얹어 환자를 낫게 하는 마술사는 자신과 환자 사이의 자연스러운 거리를 유지하지만, 외과 의사는 환자의 내부로 깊숙이 들어감으로써 환자와의 거리를 크게 좁힌다. 마술사는 환자를 전체로서 대하지만, 외과 의사는 문제가 있는 육체의 부분을 집중적으로 파고든다.

> 마술사와 외과 의사의 관계는 화가와 카메라맨의 관계와 같다. 화가는 주어진 대상에 자연스러운 거리를 유지하는 데 반해, 카메라맨은 작업할 때 주어진 대상의 조직에까지 깊숙이 침투한다. 이를 통해 두 사람이 얻게 되는 영상은 엄청나게 다르다. 화가의 영상은 하나의 전체적 영상이고, 카메라맨의 영상은 여러 개로 쪼개어져 있는 단편적 영상들로서 이 단편적 영상들은 새로운 법칙에 의해 다시 조립된다.[19]

이러한 영화의 특징을 가장 잘 보여주는 것이 바로 포르노이다. 성애와 섹스를 재현하는 에로틱한 영화와 포르노 영화의 차이는 어디에 있을까? 에로틱한 영화는 성을 다룰 때에도 성애 전체에 초점을 맞춘다면, 포르노는 성과 관련된 몸의 부분을 확대해 보여준다. 클로즈업 된 촬영 속에서 살은 떨리고, 모공은 확대되고, 샘솟는 땀이 재현된다.

우리는 확대 촬영을 통해 현실적으로 불분명해 보이는 것을 분명하게 볼 수 있게 된다. 고속 촬영을 통해 꽃이 피어나는 모습을 생생하게 본다고 해서 꽃의 생명감과 분위기가 더욱 밀도 있게 느껴질까? 아무튼 영화의 카메라는 인간의 지각 방식을 근본적으로 바꿔놓는다. 전체에서 부분으로, 그리고 부분의 조직을 통해 새로운 전체로.

정치는 영화를 실현하고, 영화는 스스로를 정치화한다

셋째, 영화를 관람하는 관중의 지각 방식은 '침잠(Versenkung)'이 아니라 '정신 분산'이다. 과거의 그림은 결코 대중에게 전시되지 않았다. 회화는 한 사람 내지 극소수의 사람들만이 감상할 수 있었다. 요즘은 수많은 회화 작품이 미술관에 전시되어 있지만, 회화를 감상하는 방식은 근본적으로 바뀌지 않았다.

우리는 종종 자신이 좋아하는 작품 앞에 서서 그 작품의 세계 속으로 빠져 들어간다. 이러한 '침잠'은 바로 그 작품이 내뿜는 아우라를 느끼는 독특한 방식이다. 이에 반해 새로운 미디어로 탄생한 이미지들은 이와 같은 침잠을 허용하지 않는다. "사진은 특별한 수용 태도를 요구한다. 자유로이 부유하는 명상은 더 이상 이러한 사진에 부합되지 않는다."[20]

아우라가 파괴된 사진을 관람하는 방식은 더 이상 침잠과 명상이 아니다. 그것은 오락과 정신 분산이다. 이를 뜻하는 독일어 낱말 '아프렝쿵(Ablenkung)'은 '방향을 정하다' 또는 '조정하다'는 의미를 가진 동사 '렝켄(lenken)'에서 유래한다. 오락은 방향을 바꾸는 것이고, 그렇게 기분을 전환하는 것이기 때문에 정신을 집중하기보다는 오히려 분산시킨다.

> 영화가 펼쳐지는 영사막과 그림이 놓여 있는 캔버스를 한번 비교해보자. 캔버스는 보는 사람을 관조의 세계로 초대한다. 그는 그 앞에서 자신을 연상의 흐름에 내맡길 수가 있다. 그러나 영사막 앞에서는 그렇게 할 수가 없다. 영화의 장면은 눈에 들어오자마자 곧 다른 장면으로 바뀌어버린다.[21]

침잠과 정신 분산, 정신 집중과 기분 전환은 상반된 개념이다. 침잠이 예술의 전통적 감상 방식이었다면, 정신 분산은 현대적 감상 방식이다. 마르크스의 관점에서 바라보면 영화는 이렇게 이미지의 사용가치보다는 시장에서의 교환가치에 집중한다.

영화 이미지의 교환가치는 관중에게 미치는 쇼크 효과이다. 다다이스트들이 관조적 침잠의 대상으로서의 작품의 무가치성을 의도적으로 연출함으로써 쇼크 효과를 가져온 것처럼, 끊임없이 변화하고 움직이는 영화 이미지들은 쇼크를 통해 전통 예술의 아우라를 가차 없이 파괴한다.

넷째, 영화 미디어는 대상의 동시적인 집단적 수용을 통해 대중이 스스로를 조직하고 컨트롤할 수 있는 길을 제공한다. 문자혁명을 통해 독자의 읽을거리가 증대된 것처럼, 기술 복제 시대에는 영상미디어를 통해 볼거리가 폭발적으로 증가했다. 오늘날 현대인들이 가장 많이 즐기는 오락은 두말할 나위 없이 영화이다. 영화 관중의 증대는 예술의 기능과 관중의 지각 방식을 근본적으로 변화시킨다.

> 대중은 예술 작품을 대하는 일체의 전통적 태도가 새로운 모습을 하고 다시 태어나는 모태다. 양은 질로 바뀌었다. 예술에 참여하는 대중의 수적 증가는 참여하는 방식의 변화를 초래했다.[22]

오늘날 대중은 현대적 삶을 결정하지만, 사회의 곳곳에서 증대하는 삶의 위험에 직면한다. 대도시의 교통 혼잡, 급속도로 변화하는 사회, 다양한 인위적 욕구의 창출. 이러한 사회적 현상들은 대중에게 극복해야 할 충격으로 다가온다.

베냐민에 의하면 "영화는 현대인이 직면하고 있는 증대하는 삶의 위험에 상응하는 예술 형식이다."[23] 현대의 대중들은 영화를 통해 스스로를 조직함으로써 현실의 모순과 위험에 대응한다. 우리는 영화의 정신 분산을 통해서 이러한 사회적 과제를 해결할 수 있을까? 소위 말하는 블록버스터 영화를 생각해보라. 블록버스터 영화란 '흥행에서 단기간에 대 성공을 한 영화'를 가리켰는데, 요즘엔 '단기간에 큰 흥행을 올리기 위해 엄청나게 돈을 들여 만든 대작'을 말한다. 양이 질이 된 것이다.

그런데 '블록버스터'란 단어가 원래 2차 세계대전 중에 쓰인 폭탄의 이름이라는 사실은 영화의 기능을 암시한다. 2차 세계대전 때 영국 공군이 독일 폭격에 사용한 4, 5톤짜리 폭탄은 한 구역을(block)

송두리째 날려버릴(bust) 만한 위력을 지녔기 때문에 블록버스터(blockbuster)라고 불렸다는 사실은 많은 것을 암시한다.

이처럼 영화는 대중을 동원할 수 있는 바로 그 지점에서 "예술의 가장 어렵고 가장 중요한 과제"를 공략한다. 그것은 대중의 정신을 분산시키고, 지각 구조를 변화시키고, 대중을 동원하는 것이다. **이것이 바로 정치의 의도가 아니었던가?**

베냐민은 "파시즘이 새로이 생겨난 무산계급화한 대중을 이 대중이 폐지하고자 하는 소유관계는 조금도 건드리지 않은 채 조직하려 한다."[24]라고 진단한다. 무솔리니, 히틀러와 같은 정치적 스타들은 대중이 직면하고 있는 현실 사회의 모순은 그대로 둔 채 대중을 동원하려 하지 않았는가? 이처럼 현대의 대중 정치는 정치를 예술처럼 연출하고 심미화함으로써 영화의 정신을 실현하고, 영화는 대중의 무의식을 조작함으로써 스스로를 정치화한다.

대중이 스스로 동화되고자 하는 스타는 과연 누가 만드는가? 베냐민의 이 물음은 영화보다 훨씬 더 영화 같은 정치현실을 향한다. 대중의 무의식을 파고드는 미디어는 결코 비판을 허용하지 않는다. 대중이 영화가 만든 스타를 사랑하기 때문이다.

> 스타는 신과 같은 존재다. 모든 것이며 아무것도 아닌 존재다. 이 아무것도 아닌 존재를 배부르게 해주는 신성한 양식은 사람들의 사랑이다. 신의 무한한 공허는 또한 무한한 풍부함인데, 이 풍부함은 신의 것이 아니다. 스타는 신과 같은 신성은 전혀 없지만, 신과 같은 인간성은 풍부하게 갖고 있다.[25]

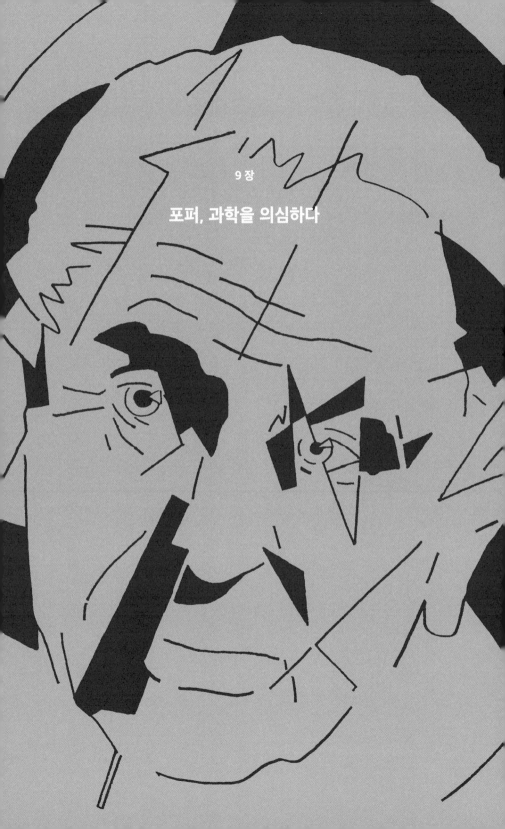

9 장

포퍼, 과학을 의심하다

"모든 생은 문제 해결의 과정이다. 모든 생물은, 실력이 좋건 형편없건 또 성공하건 못하건 간에, 기술적 문제를 해결해나가는 발명가 겸 전문가 들이다."

칼 포퍼, 《삶은 문제해결의 연속이다》

1.
과학과 비과학의 차이는 무엇인가

우리는 항상 불가능한 것을 극복하는 능력으로 우리 자신을 정의해왔다. 그리고 우리는 이러한 순간들을 헤아려본다. 이 순간들은 우리가 감히 더 높은 것을 목표로 해서 장애물을 넘어서 별들에게 닿을 수 있도록 노력하고, 미지의 것을 알려고 했을 때다. 그러나 우리는 이 모든 것을 잃어버렸다. 아니면, 우리가 여전히 개척자라는 사실을 어쩌면 단지 잊어버린 것인지도 모른다. 우리는 간신히 시작했다. 그리고 우리의 가장 위대한 업적들은 우리의 뒤에 있을 수 없다. 왜냐하면 우리의 운명은 우리의 위에 있기 때문이다.

조금 길게 인용한 이 문장은 크리스토퍼 놀란 감독의 공상과학영화 〈인터스텔라(Interstellar)〉(2014)의 주인공 쿠퍼가 한 대사이다. 식량난과 대기오염으로 인류의 멸망을 앞두고 있는 파국의 순간에 인류 문명의 역사를 돌이켜보는 이 대사는 20세기의 가장 위대한 과학이론 철학자 가운데 한 명인 칼 포퍼(Karl R. Popper, 1902~1994)의 사상을 대변하는 것처럼 보인다.

과학 이론은 경험으로부터 발전하는가, 경험을 통해 입증되는가

굳이 위대한 과학철학자의 이름을 끌어들이지 않더라도, 인류의 생존과 문명이 과학 덕택에 이루어졌다는 사실은 오늘날 '확실한' 진리처럼 받아들여진다. 물론 포퍼는 '진리'와 '확실성'을 구분하지만, 인간이 과학을 통해 진화해왔다는 사실은 객관적으로 타당한 진리일 뿐만 아니라 강한 믿음으로 작용한다.

인간이 파국을 맞이한 것이 과학과 기술의 무분별한 사용 때문인지, 아니면 파국을 극복할 수 있는 희망이 결국 과학에 있는지는 영화의 초반에 분명하게 드러나지 않는다. 들판과 마을을 뒤덮을 기세로 몰려오는 먼지 먹구름만이 인류의 운명이 암울한 상황에 처해 있다는 것을 암시한다.

이 영화는 인류를 구원할 희망이 우주와 과학에 있다는 가설로부터 시작한다. 일어날 일은 일어나게 되어 있다는 머피의 법칙처럼 쿠퍼의 딸 머피에게 나타난 기이한 현상은 아버지와 딸을 나사로 인도하고, 한때 우주비행사로 일했던 쿠퍼는 갑자기 열린 웜홀(wormhole)을 통해 우주의 블랙홀에서 인류의 새로운 터전을 찾아달라는 요청을 받고 돌아오지 못할 여행을 떠난다.

현재 우리가 알 수 있는 21세기의 온갖 첨단 과학 지식을 버무려 빚어낸 이 영화에 등장하는 난해한 이론들에 곤혹스러워할 필요는 없다. 예컨대 '아인슈타인-로젠 다리(Einstein-Rosen Bridge)'로도 불리는 웜홀은 시공간의 두 분리된 지점을 지름길로 연결하는 터널과 같은 가설적인 위상학적 통로를 일컫는다.

수십억 광년 떨어진 시공간의 두 우주를 단지 몇 피트 떨어진 것처럼 연결시키는 통로를 상상해보라. 이 경우 블랙홀은 입구가 되고 화이트홀은 출구가 되는데, 화이트홀의 존재는 증명되지 않았을 뿐만 아니라 블랙홀의 힘은 너무나 강해서 어떤 물체도 통과할 수 없다. 웜홀은 결국 수학적으로만 여행이 가능한 매우 강력한 가설과 비유일 뿐이다.

여기서 우리는 한 가지 의문에 직면하게 된다. '과학 이론은 관찰 가능한 경험으로부터 발전하는가, 아니면 가설적으로 제시될 뿐 그 타당성은 경험을 통해 입증되는 것인가?' '비판적 합리주의' 또는 '반증주의'로 알려진 칼 포퍼의 과학철학은 이 질문으로부터 시작한다.

이 영화를 보면서 나의 눈에 꽂힌 것은 무거운 과학 이론을 아름답게 처리한 이미지도, 시공간을 뛰어넘을 수 있는 힘을 사랑으로 그린 내용도 아니다. 포스터에 실려 있는 하나의 가설이 계속 머리를 맴돌았다. "지구의 종말이 우리의 종말이 되지는 않을 것이다(The end of Earth will not be the end of us)."

쿠퍼는 이 가설을 또 다른 멋진 명제로 표현한다. "인류는 지구에서 태어났다. 그렇지만 그것은 우리가 여기서 죽어야 한다는 것을 결코 의미하지 않는다(Mankind was born on Earth. It was never meant to die here)." 이 명제는 참일까, 아니면 거짓일까? 지구의 종말과 다른 우주로의 여행은 아직 경험할 수 없는 것이기 때문에 검증할 수도 없고 반증할 수도 없는 형이상학적 믿음에 불과할 뿐이다.

우리가 지구를 떠나 과연 살 수 있을지, 또 과학의 맹신이 어떤 결과를 초래할지는 여기서 일단 괄호 안에 묶어두기로 하자. 그 대신 과학 이론이 인류의 진화와 문명 발전과 어떤 관계에 있는지 포퍼와 함께 알아보기로 하자.

동물과 식물이 갖고 있는 지식

포퍼는 과학 이론 역시 진화 과정처럼 발전해왔다고 전제한다. 인간이 지구에서 살고 있는 생명체들의 먹이사슬의 정점을 이루고 있는 것은 모두 과학과 기술의 덕택이다. 이런 관점에서 대부분의 사람들은 우리 인간은 다른 생명체, 동물과 식물과는 전혀 다른 지식을 갖고 있다고 생각한다. 이에 반해 포퍼는 "동물도 뭔가를 알 수 있다. 즉 지식을 가질 수 있다."[1]라고 주장한다.

동물만 지상에서 생존하기 위해 주위 환경에 대한 지식을 통해 적응하는 것은 아니다. 식물도 지식을 갖고 있다. 생존에 절대적으로 필요한 수분을 얻기 위해 땅속 깊은 어느 곳으로 뿌리를 내려야 하는지, 그리고 햇볕을 받기 위해 어떻게 수직으로 쑥쑥 자라야 하는지를 알고 있다. 과실나무는 언제 꽃을 피우고 또 열매를 맺어야 하는지를 알기 위해 중력, 계절 주기, 기후 변화에 적응한다. 인간의 유일한 특성인 지식을 이처럼 식물과 동물에 적용하는 것은 단순한 은유와 의인화에 불과하다는 비판에 정면으로 반박하면서, 포퍼는 인간의 지식도 이와 다를 바 없다고 강변한다.

> 우리가 가진 모든 지식은 가설적이다. 또한 일부는 미지의 상태로 남아 있는 환경에 대한 적응이다. 때로는 성공하고 때로는 실패하는, 예행과 불가피한 착오, 그리고 '오류 제거'의 결과이다. 생물의 유전 구조에 이식되어 있는 착오들 중 어떤 것들은 그 착오의 시행자, 즉 개체 자신이 제거됨으로써 제거된다. 그러나 어떤 착오들은 제거를 피하기도 하는데, 우리 모두 오류를 저지르는 존재일 수밖에 없는 이유가 바로 그것이다.[2]

동물은 물론이고 우리 인간도 오류를 저지르는 불완전한 존재라는 통찰은 우리를 포퍼의 반증주의로 인도한다. 사람들은 일반적으로 개별적 사례에 대한 관찰과 경험을 통해 일반적인 규칙에 도달한다고 생각한다. 사람들은 이제까지 아침이면 해가 떠올랐기 때문에 내일도 해가 떠오를 것이라고 생각한다.

하지만 흄에 의하면 내일도 해가 떠오를 것이라고 증명할 방법은 없다. 물론 매일매일 해가 떠오를 것이라는 이론을 제시하는 것은 가능하다. 그러나 만약 어느 날 해가 더 이상 떠오르지 않는다면, 이 이론은 반증되고 다른 이론으로 대체될 것이다. 이처럼 개별적 현상에 대한 특수한 명제로부터 일반적 가설을 귀납적으로 추론할 수 없다는 것이 소위 말하는 흄의 '귀납의 문제'다.

흄에 의하면 우리는 습관과 관습의 영향이 없다면 사실 현재 우리의 감각과 기억에 직접적으로 주어진 것을 넘어서는 사실에 대해서는 전적으로 알 수 없다. 귀납의 문제를 흄을 통해 접근했다고 말하면서, 포퍼는 "흄이 귀납이 논리적으로 정당화될 수 없다는 점을 지적했다는 점에서 완전히 옳다."[3]라고 말한다. 우리가 무엇인가를 알기 위해서는 상상력보다 훨씬 더 강력한—거의 본능적이라고 할 수 있는—습관의 힘이 필요하다고 한 것처럼, 포퍼는 인간이 진화 과정에 적응하기 위해서는 "상황에 대한 선험적 지식이 항시 이용 가능해야 한다."[4]라고 주장한다.

패러다임의 변화를 야기하는 것은 반증이다

그렇다면 우리는 어떤 가설과 이론이 옳다는 것을 어떻게 알 수 있는가? 우리가 할 수 있는 일은 오로지 일반적 가설을 사후 시험을 통해 검증해야 하는 것이라고 포퍼는 말한다. 여기서 우리는 과학 이론과 관련하여 '어떤 과학적 명제가 어떻게 발견되었는가?'라는 '사실 문제'와 '어떤 과학적 명제의 타당성을 어떻게 정당화하는가?'라는 '타당성 문제'를 구별해야 한다.

포퍼는 여기서 유명한 반증주의를 발전시킨다. 논리적으로 모순이 없다고 전제된 어떤 이론은 반드시 경험적 적용을 통해 그 타당성을 검증해야 한다는 것이다. 예컨대 "모든 백조는 희다."라는 명제가 아무런 모순 없이 타당한 명제라고 가정한다.

포퍼는 이 명제가 이제까지 우리가 관찰한 모든 백조가 희다는 사실로부터 귀납적으로 정당화될 수 없다고 말한다. 이 명제는 오직 검은 백조가 발견될 때까지, 다시 말해 이 명제를 반증하려는 시도를 통해서만 타당하다는 것이다.

반증은 일반적 가설의 실험적 검증이다. **그렇다면 포퍼의 반증주의는 실증주의와 어떤 차이가 있는 것인가?** 여기서 우리는 포퍼가 반증에 방점을 찍는 이유에 주목할 필요가 있다. 포퍼가 사용하는 반증주의는 논리적으로 '후건 부정 형식(modus nolles)'을 취한다. 다시 말해 부정을 통해 기존 명제를 부정하는 방식이다.

(1) 만일 P이면 Q이다.

(2) Q가 아니다.

(3) 그러므로 P가 아니다.

어떤 명제 P로부터 논리적으로 Q가 추론되지만, 만약 Q가 아니라면 명제 P는 타당하지 않다. 명제 P로부터 단 하나의 잘못된 추론이 이루어진다면, 이 명제는 거짓이라는 것이다. 결국 검은 백조가 한 마리라도 발견된다면 "모든 백조는 희다."라는 명제는 반증된다고 할 수 있다.

과학을 진정한 과학으로 만드는 결정적 요소는 비판적 접근이다. …… 근대과학 이전의 접근법과 구별되는 과학 및 과학적 접근법의 핵심은 시도되는 해법들에 대한 의식적인 비판이라는 것이다. 의식적인 비판 태도는 제거 과정에서, 그리고 비판과 반증 시도에서 결정적 역할을 한다. 거꾸로, 한 학설을 반증에서 구해내려는 시도 또한 우리가 이미 확인했듯이 나름의 방법론적 역할을 한다. 그러나 의식적인 반증 노력을 비롯한 비판적 접근이 과학을 낳고 과학적 방법론의 대세를 이루는 반면 반증을 무조건 피하는 독단적 태도는 근대 이전 과학의 특징이라는 것이 내가 말하려

는 논지다.[5]

이처럼 과학 이론을 발전시키는 것은 끊임없는 반증의 시도이다. 과학적 진보는 본질적으로—토머스 쿤이 분명하게 서술한 것처럼—새로운 학설이 기존 학설을 대체하면서 이루어진다. 패러다임의 변화를 야기하는 것은 두말할 나위 없이 반증이다. 이러한 인식과 함께 포퍼는 자신을 유명하게 만든 주저《탐구의 논리(Logik der Forschung)》(1934)의 핵심 문제에 도달한다.

과학과 비과학을 구별하는 방법

우리는 과학과 비(非)과학을 어떻게 구별할 수 있는가? 경험과학은 수학과 논리학 또는 형이상학적 체계와 어떻게 구별되는가? 포퍼는 이 물음을 '칸트적 문제'라고 명명하면서 그 핵심은 다음과 같은 간단한 명제로 해결한다. "하나의 경험적-과학적 체계는 경험에서 **실패할 수 있어야만** 한다."[6]

실패 가능성, 즉 반증 가능성이 이론의 성공을 결정한다. 전통적 실증주의와는 달리 어떤 개념과 명제도 경험으로부터 도출되어서는 안 된다. 블랙홀, 화이트홀, 웜홀의 존재를 경험적으로 관찰하고 나서 이에 관한 이론이 발전된 것은 아니지 않은가. 명제들이 어디에서 오건 그것들은 오직 경험을 통해 시험을 하고 또 경험을 통해 반증될 수 있어야 한다는 것이 포퍼의 핵심 주장이다.

나는 경험과학 이론을 다른 이론과 구별하는 것을 '구분의 문제'라 하고, 그에 대한 답을 '구분의 기준'이라고 했다. 구분의 문제에 대해 내가 제시한 답은 다음과 같은 구분 기준이다. 어떤 이론이 습득 가능한 경험에 위배되고 그에 따라 원칙적으로 경험에 의한 반증이 가능한 것일 때에만 그 이론은 경험과학에 속한다는 것이다. 나는 이 구분 기준을 '반증 가능성 기준'이라 부르기로 했다.[7]

　반증 가능성은 과학과 비과학을 구분하는 기준이고, 반증은 어떤 이론의 타당성을 입증하는 행위다. 포퍼는 반증이 불가능한 이론의 예로 정신분석학을 제시한다. 포퍼에 의하면 정신분석학은 인간의 모든 행위를 무의식으로 설명할 수 있는 포괄적 이론이다. 모든 것을 설명할 수 있다는 것은 경험적 반증이 불가능하다는 것을 의미한다.

　예를 들면 심리학 분야의 유명한 '즉각적 유혹을 견디는 학습'에 대한 마시멜로 실험을 통해 우리는 하나의 가설을 세울 수 있다. 눈앞에 펼쳐진 작은 만족과 유혹을 참고 견디면 언젠가 그 보상이 미래의 성공으로 돌아온다. 순간의 욕구를 견뎌낼 수 있는 자기 통제력을 가진 사람은 사회성과 대인 관계가 좋다. 그러나 이 행동 가설은 반증 가능하다. 반면, 모든 욕구 충동을 무의식으로 환원하여 설명하는 정신분석 이론은 검증이 불가능하다. 따라서 포퍼에 의하면 정신분석학은 결코 경험과학이 될 수 없다.

　우리는 어떤 가설이 많은 것을 말할수록 잠재적 반증자의 수도 더 많아진다는 것을 알 수 있다. 가설에서 주장하는 것이 많을수록 그 가설이 거짓으로 판명될 위험도 커진다는 것은 자명하다. 예컨대 "검은 백조는 없다."라는 가설은 "여기에 검은 백조가 있다."라는 경험적 진술을 통해 반증된다.

이에 반해 "모든 백조는 희다."라는 가설은 더 큰 경험적 내용을 포함한다. 이 가설은 검은 백조뿐만 아니라 여러 색깔의 백조의 존재 가능성까지 모두 배제하기 때문이다. 이런 관점에서 보면 좋은 이론은 대담한 내용을 내포하고 있음에도 쉽게 반증되지 않는 이론이다. 이런 이론에 도달하려면 자신의 이론을 반증하려는 비판적 태도가 필수적이다.

우리가 가진 모든 지식은 가설적이다. 이 가설은 경험보다는 직관과 상상력에서 나올 수도 있다. 그렇지만 이 가설의 타당성은 오직 경험적 적용을 통해 증명되어야 한다. 지상에서 살아가는 모든 생명체가 환경에 적응한 결과라면, 이 적응은 "때로는 성공하고 때로는 실패하는, 예행과 불가피한 착오, 그리고 '오류 제거'의 결과"[8]이다.

진화 과정과 마찬가지로 과학 이론의 발전 역시 끊임없는 반증과 오류 제거를 통해 이루어진다. 이런 사실을 역설적으로 표현하면, 어떤 이론이 다른 이론보다 발전한 것이라면 그것은 이 이론이 다른 이론보다 '더 잘 실패할 수 있기' 때문이다.

그렇다면 여기서 강력한 질문이 제기된다. "지구의 종말이 우리의 종말이 되지는 않을 것이다."라는 명제는 참인가? 시행착오를 통해 환경에 적응하는 생명의 진화와 역시 오류 제거를 통해 발전하는 과학의 진화 사이에는 아무런 연관 관계가 없는 것인가? 포퍼의 말을 들어보자.

아메바와 아인슈타인의 차이는 단 한 단계에 불과하다고 나는 반복해서 강조했다. 둘 다 시행착오 방법을 사용하는데, 아메바는 오류를 싫어할 수밖에 없다. 오류가 제거되면서 함께 사멸하기 때문이다. 그러나 아인슈타인은 우리가 오직 실수를 통해서만 학습할 수 있음을 알고 있으며, 새로운 시행으로 새로운 오류를 포착하고 그 오류를 이론에서 제거하기 위해 최선을 다한다. 아메바는 할 수 없으나 아인슈타인은 가능한 그 단계는 바로 비판적인 자세, 그것도 자기비판적인 자세다.[9]

진화 과정에서 어떤 오류는 종의 절멸을 야기할 수 있다. 과학 이론에서 발생하는 오류는 반증에 더 잘 견딜 수 있는 다른 명제와 이론의 발전을 가져온다. 우리는 오늘날 과학의 발전을 위해 어쩌면 수많은 오류를 스스로 생산하는지도 모른다. 어떤 '과학' 이론을 검증하기 위해 더 많은 실험 도구를 직접 만들어낸다. 우리는 우주와 물질의 구조를 더 잘 알기 위해 어마어마한 방사광 가속기를 건설하고, 우주 프로젝트를 시행한다. 우리는 유전 생물학 이론을 경험적으로 검증하기 위해 복제 기술을 발전시키기도 한다.

이렇게 우리는 과학 이론의 발전이라는 명목으로 진화 과정에 간섭하려고 한다. 이렇게 발전된 과학과 기술 덕택에 지구의 종말이 우리의 종말이 되지 않을 것이라는 명제가 반증되는 순간, 우리 역시 아메바처럼 오류가 제거되면서 함께 사라질 것이다. 포퍼가 강조하는 자기비판적 자세가 필요한 시점이 바로 과학이 맹신되는 지금이 아닐까?

"우리는 금수로 돌아갈 수 있다. 그러나 우리가 인간으로 남고자 한다면 오직 하나의 길, 열린사회로의 길이 있을 뿐이다."

칼 포퍼, 《열린사회와 그 적들》

2.

민주적 열린사회는 가능한가

'봉건시대에도 있을 수 없는 일'이 도대체 어떻게 일어난 것일까? 2016년 10월 21일 최순실이 대통령의 연설문에 개입해왔다는 질문에 대해 이원종 청와대 비서실장은 "봉건시대에도 있을 수 없는 얘기가 어떻게 밖으로 회자되는지 정말 개탄스럽다."고 밝히면서 "정상적인 사람이라면 그런 말을 믿겠느냐?"고 반문했다.

그러나 이 어처구니없고 통탄할 이야기는 10월 24일 JTBC의 보도를 통해 사실로 드러났고, 결국 하루 뒤인 10월 25일 박근혜 대통령은 최순실 씨의 도움을 받았다는 사실을 인정하는 대국민 담화문을 발표했다. 결국 이 사건은 최순실이라는 한 개인이 국가의 각종 중대사에 깊이 개입하여 국정을 농단하고 농락한 '최순실 게이트'로 발전하는 형국이다. 이 일이 어떻게 전개될지는 모르지만 어떻게 대한민국 헌정사상 유례없는 이런 일이 일어날 수 있었는지 개탄스러울 뿐이다.

민주주의 국가에서 어떻게 비선 실세에 의한 국정 농단이 가능했

단 말인가? 비정상적인 것의 정상화를 외쳤던 정권이 어떻게 정상적인 사람이라면 도무지 믿을 수 없는 그런 일을 뻔뻔스레 저지를 수 있었단 말인가?

열린사회와 닫힌사회

우연의 일치인지는 모르지만 이 사건은 칼 포퍼의 《열린사회와 그 적들(The Open Society and Its Enemies)》이라는 책을 다시 읽을 때 터졌다. 히틀러가 오스트리아를 침공했다는 소식을 듣고 전체주의를 비판하기 위해 집필한 포퍼의 이 책은 과학 이론 못지않게 유명한 '열린사회(Open Society)'라는 정치철학적 용어를 유행시켰다.

우리는 민주주의를 실현했음에도 불구하고 여전히 민주적 열린사회를 실현하지 못한 것인가? 피를 흘리지 않고 정권을 교체할 수 있는 민주제도에서 다수의 국민이 뽑은 대통령이 봉건시대에도 있을 수 없는 비정상적 방법으로 국정을 운영한 것은 도대체 무엇 때문인가? 다수 지배로 이해되는 민주주의에서 이 다수는 폭군과 독재자가 통치하도록 결정할 가능성이 있다는 '민주주의의 역설'이 눈앞에 펼쳐지는 통탄할 광경을 목격하며 갑자기 포퍼의 말을 떠올린다.

우리는 결코 소위 닫힌사회(Closed Society)의 순진함과 아름다움으로 되돌아갈 수 없다. 천국에의 꿈은 지상에서는 실현될 수 없는 것이다. 지식의 열매를 먹은 자는 천국을 잃어버린 것이다. 우리는 금수로 돌아갈

수 있다. 그러나 우리가 인간으로 남고자 한다면 오직 하나의 길, 열린사회로의 길이 있을 뿐이다.[10]

포퍼는 인류가 진화해온 것처럼 인류 문명 역시 윤리적, 도덕적으로 진보해왔다고 전제한다. 인류의 도덕적 진보는 민주주의를 통해 실현되었다. 여기서 민주화는 간단히 말해 '열린사회로의 이행'으로 규정된다. 그러나 포퍼는 민주주의도 열린사회에서 닫힌사회로 퇴보하고, 언제든지 문명화된 인간에서 금수로 되돌아갈 수 있다고 경고한다.

우리가 피와 땀을 흘려 애써 이룩한 민주주의를 하루아침에 붕괴시킬 수 있는 것은 도대체 무엇인가? 이 물음에 답하려면 우선 무엇이 '열린사회'이고, 어떤 사회가 '닫힌사회'인가를 알아볼 필요가 있다. 포퍼는 이 책의 10장 〈열린사회와 그 적들〉의 첫 문장을 이 개념에 대한 정의로 시작한다.

우리는 마술적 사회나 부족사회 혹은 집단적 사회는 닫힌사회라 부르며, 개개인이 개인적인 결단을 내릴 수 있는 사회는 열린사회라 부르고자 한다. 닫힌사회는 하나의 유기체에 그대로 비교될 수 있을 것이다. 소위 국가 유기체 이론이나 생물학적 이론은 상당한 범위에까지 닫힌사회에 적용될 수 있다. 닫힌사회는 그 구성원들이 반(半)생물학적 유대에 의해 함께 묶여 있는 사회다. 이 사회는 사람들이 노동의 분업이나 상품의 교환과 같은 추상적인 관계에 의해서 상호 관계하는 것이 아니라, 만져보고 냄새 맡고 바라보고 하는 구체적인 육체적 관계에 의해 맺어진 사회

다. 계급을 포함한 닫힌사회의 제도는 신성불가침한 금기다.[11]

포퍼의 정의는 지극히 간단하지만 핵심을 정확히 찌른다. 닫힌사회는 마술적이고 주술적이다. 이는 지배자 또는 통치자가 그 어떤 비판과 반박도 허용하지 않는 주술적 가치를 통해 지배하기 때문이다. 그렇지만 철저하게 세속화되고 합리화된 21세기에 주술적 가치를 통해 사람을 동원한다는 것이 가당키나 한 일인가?

포퍼는 과학의 발전에 반증 노력을 비롯한 비판적 접근이 필수적인 것처럼 민주주의에도 "반증을 무조건 피하는 독단적 태도"[12]에 대한 비판이 반드시 요구된다고 말한다. 닫힌사회를 특징짓는 마술적이라는 것은 독단적이라는 것을 의미한다. 민주주의를 구성하는 진정한 합리주의는 본래 자신의 한계를 인식하고 우리가 얼마나 자주 오류를 범하며 그렇기 때문에 다른 사람의 의견에 얼마나 많이 의존하고 있는지 인지하는 지적 겸손의 태도이다.

이에 반해 마술적 독단주의는 사태를 확실히 그리고 절대적으로 인식할 수 있다고 생각하는 권위주의적인 지적 오만의 태도이다. 닫힌사회는 이처럼 독단적인 지식을 공유하는 소수의 폐쇄적 집단에 의해 지배되는 사회다. 이들은 우리가 아니면 안 된다는 독선적인 태도로 외부의 비판뿐만 아니라 외부와의 어떤 의견 교환도 거부함으로써 자신들의 권력과 이익을 도모한다. 소통을 거부하는 독단, 이것이 민주화를 퇴보시키고 닫힌사회의 금수로 되돌아가게 만드는 핵심 통로이다.

이에 반해 열린사회는 전체주의와 대립하는 개인주의 사회이며,

유기체적 닫힌사회와 대척점을 이루는 '추상적' 사회다. 여기서 추상적이라는 것은 아무런 비판 없이 받아들여지는 구체적이고 전통적인 규범과 관습으로부터 해방되었다는 점을 의미한다. 포퍼는 물론 "완벽한 합리적 사회나 거의 합리적인 사회가 있을 수 없는 것과 마찬가지로, 완벽한 추상적 사회나 거의 추상적인 사회도 없을 것이며 있을 수도 없다."[13]고 말함으로써 민주적 공동체의 가능성을 완전히 부정하지 않는다.

우리는 여전히 다양한 사람과 구체적으로 접촉하며, 실제적인 집단을 형성하고, 정서적·사회적 욕구를 충족시킨다. 간단히 말해 아무리 개인화되고 합리화된 사회라고 하더라도 사회적 관계를 맺지 않을 수는 없다는 것이다. 이런 사회적 관계가 닫힌 형태가 아니라 열린 형태로 발전하려면 개인의 자율적인 선택과 자유로운 비판이 가능해야 한다.

출생이라는 우연으로 결정되는 것 말고 자신들이 자유롭게 선택할 수 있는 새로운 인간관계가 나타난다. 그리고 이 인간관계와 아울러 새로운 개인주의가 발생한다.[14]

그렇기 때문에 열린사회는 건강하고 생산적인 '긴장'을 수반한다. 비판과 토론, 그리고 더불어 합리적인 사고가 성숙한 사회에서는 사람들은 다른 사람의 의견을 경청함으로써 자신의 오류를 제거하고 보다 나은 의견에 도달하고자 노력한다. 이러한 민주적 긴장이 열린사회를 지속 가능하게 만드는 것이다.

천국에의 꿈은 지상에서는 실현될 수 없다. 일단 우리의 이성에 의존하기 시작하고 우리의 비판력을 활용하기 시작한 이상, 개인적인 책임의 요구와 더불어 지식의 증진을 위해 조력해야 한다는 책임감을 느끼기 시작한 이상, 우리는 부족적 마술에 전적으로 복종하는 국가로 되돌아갈 수는 없다.[15]

닫힌사회로 퇴보할 수 있는 가능성

최순실 게이트는 아무리 민주화된 사회라 하더라도—완벽한 민주주의 또는 거의 민주적인 사회는 불가능하기 때문에—언제든지 마술적 닫힌사회로 퇴보할 수 있다는 가능성을 암시한다. 포퍼가 분명하게 말하고 있는 것처럼 '이성', '비판력', 그리고 '책임의식'이 결여되거나 또는 이러한 정치적 판단력의 발전을 저해한다면, 야만적인 독재 사회로의 회귀는 언제든지 가능하다.

우리가 이 게이트를 바라보면서 '재미있는' 막장 드라마보다는 이 드라마를 무대에 올리게 한 정치적 기제와 문화에 주목해야 할 이유가 여기에 있다. 대한민국의 최고 권력층과 국가 계급(state class)을 구성하는 사람들은 거의 대부분 최고의 학벌을 가진 권력 엘리트들이다. 청와대 비서관, 국무위원, 집권 여당 국회의원들처럼 최고의 엘리트들이 왜 그리고 어떻게 이런 어처구니없는 일이 일어나도록 한 것일까? 그들은 정말 몰랐던 것일까, 알고도 모른 척한 것일까? 아니면, 전통 봉건사회에서 그랬던 것처럼 오직 주군에게 충성해야 한다는 이유 때문에—부족적 마술에 걸린 것처럼—자신들이 잘못을 저지르고 있다는 사실조차 인지할 수 없었던 것일까?

이런 질문을 제기하면 이 사건은 오직 최순실 한 개인의 문제로 축소되어서는 안 된다. 국가를 책임져야 하는 권력 엘리트들이 이성보다는 '지능', 비판력보다는 '계산력', 그리고 책임의식보다는 '영리주의'를 가졌음에 틀림없다. 국정을 농락한 것은 바로 비판과 토론을 불가능하게 만든 마술적 닫힌사회의 구성원들이다.

우리가 민주화를 통해 경제적으로 뿐만 아니라 정치적-도덕의식에서도 더 나은 조건에서 살고자 한다면 열린사회의 적들을 지속적으로 감시하고 경계해야 한다. 전통과 신화의 권위주의에 도전하며 그것을 비판적으로 논의하는 새로운 전통이 형성되지 않는다면 열린사회는 불가능하다. 우리가 유가적 전통사회의 권위주의로부터 벗어나야 하는 까닭이 여기에 있다.

> 우리는 오래된 전통이든 새로운 전통이든, 자유와 인간다움과 합리적 비판의 기준에 맞는 전통은 보존하고 발전시키고 확립하려고 노력하면서도, 단지 확립된 것이거나 그저 전통적이기만 한 절대적 권위는 거부하는 열린사회를 건설해야 한다.[16]

이런 점에서 포퍼는 철학에서 거의 절대적 권위를 누리는 플라톤, 헤겔, 그리고 마르크스를 열린사회의 적들로 비판한다.

누구도 절대적 지식을 가질 수 없다

포퍼가 추구하는 비판적 합리주의는 어떤 사람도 결코 절대적 지식을 가질 수 없다는 전제로부터 출발한다. 자연, 역사, 그리고 사회에 관해 알 수 있는 것은 결코 전체가 아니라 단편이기 때문에 자신의 지식이 틀릴 수 있다는 것은 자명한 전제 조건이다. 내가 틀릴 수 있고 당신이 옳을 수도 있거나 또는 그 반대일 수도 있기 때문에 비판과 토론의 공동 노력을 통해 진리에 보다 가까이 다가갈 수 있다는 소크라테스 정신이 비판적 합리주의의 토대를 이룬다.

그렇기 때문에 역사가 우리가 알 수 있는 일반적 법칙에 따라 정해진 목적을 향해 발전해간다는 역사주의는 포퍼의 주된 비판 대상이 된다. 포퍼에 의하면 역사주의는 전체론, 역사적 법칙론, 그리고 유토피아주의의 세 가지를 합쳐놓은 사상이다.[17] 이 세 가지 사상이 문제되는 것은 모두 반증의 가능성을 배제하고 독단론으로 변형될 가능성이 있기 때문이다.

첫째, 인간의 역사가 개별적 사건의 서술에 불과한 것처럼 우리는 세계를 오직 단편적으로만 인식할 수 있음에도 불구하고 전체 자체를 인식한다는 전체론은 완전한 오류이다. "전체는 부분의 합보다 크다."라는 명제는 서양 형이상학을 관통하는 핵심 명제 중 하나이다. 예컨대 국가는 구성원들 간의 단순한 총계 이상의 것이라고 전제한다면, 우리는 시민을 넘어서는 국가 자체의 정신이나 논리를 전제할 수밖에 없다. 플라톤은 이러한 전체적 지식을 가진 현인이 국가를 통치해야 한다는 철인정치의 사상을 제시한 것이다.

이런 관점에서 보면 구성원보다는 국가 자체가 중요하기 때문에 국가 구성원인 시민 몇을 잃어도 국가는 유지될 수 있다는 전체주의적 사상이 태동할 수 있다. 그러나 우리는 결코 국가 전체를 알 수 없다. 전체에 관한 지식을 가지고 있다고 주장하는 소수보다는 다수의 단편적 지식들을 자유롭게 교환함으로써 전체에 관해 함께 논의하는 민주주의가 더 나은 것은 이 때문이다.

> 우리가 하나의 사물을 연구하고자 한다면, 우리는 그 사물의 어떤 양상을 선택하지 않을 수 없다. 세계에 관한 단편 전체, 또는 자연의 단편 전체를 관찰하고 기술한다는 것은 우리에게 불가능한 일이다.[18]

둘째, 인간의 행위는 결코 확실성을 갖고 예측할 수 없기 때문에 인간의 미래 역시 예측하는 것은 불가능하다. 마르크스의 유물론적 역사관은 거칠게—또는 왜곡하여—다음과 같이 표현할 수도 있다. 지금 우리가 처해 있는 물질적 조건을 이야기하면, 우리의 미래 역사가 어떻게 전개될 것인지 예측할 수 있다. 포퍼는 역사의 과정에 관한 이런 전체적 지식과 예측이 불가능하다고 본다.

마르크스의 역사주의는 "역사적 예측을 사회과학의 기본적 목적이라고 생각하고, 이러한 목적은 역사 진전의 밑바닥에 깔려 있는 율동이나 유형, 법칙이나 경향을 발견함으로써 달성될 수 있다고 보는 사회과학에서의 한 접근법"[19]이다. 그렇지만 미래에 일어날 사건의 방향을 예측할 수 있다고 주장하는 이런 전체주의적 역사주의는 완전한 오류이다.

포퍼에 의하면 "모든 동물은 물론이고 모든 인간은 오류를 저지르는 불완전한 존재다."[20] 자연의 진화 과정 역시 수많은 시행착오와 오류 제거를 통해 발전하는데 인간의 역사를 하나의 객관적 법칙에 따라 예언할 수 있다는 것은 어불성설이라는 것이다.

셋째, 유토피아주의는 하나의 불변적이고 절대적인 이상에 대한 플라톤적 믿음처럼 미래에 실현될 완전한 사회에 대한 믿음을 의미한다. 역사 과정의 목적을 설정하는 역사주의는 이처럼 이 목적이 완전한 유토피아일 것이라는 유토피아주의와 필연적으로 결합되어 있다. 미래에 실현될 유토피아가 완전해 보이면 보일수록 우리가 살고 있는 현재의 상태는 더욱더 제거되고 극복되어야 할 대상이 된다.

바뀌어야 할 것은 사람보다는 체제와 문화

우리는 물론—개인이든 국가이든—개별적이고 단기적인 목적을 추구한다. 그렇다고 해서 미래에 실현될 완전한 목적에 관한 지식을 가진 뒤에야 비로소 현재의 문제를 해결할 수 있는 것은 아니다. 우리는 현재 직면하고 있는 문제를 점진적으로 해결해가는 합리적 과정을 통해 비로소 발전할 수 있을 뿐이다. 이런 과정을 통해 실현될 미래의 모습이 어떤 것인지는 어느 누구도 알 수 없다. 그것을 알 수 있다고 주장하는 사람은 마법사일 뿐이다.

독단은 우리를 닫힌사회로 퇴보시키고, 비판적 토론은 우리를 열린사회로 인도한다. 봉건사회에서도 있을 수 없는 일이 21세기에 어떻게 일어날 수 있었는가? 포퍼는 사회적 성찰과 발전은 문제로부터 출발해야 한다고 말한다.

> 자연과학과 사회과학은 언제나 문제에서 출발한다. 그리스 철학자들은 우리가 어떤 대상이나 현상을 보고 경이를 느끼는 것에서 출발한다고 생각했지만 말이다. 이 문제들을 풀기 위해 과학은 일반 상식이 푸는 방식과 똑같이 시행착오라는 방법을 사용한다.[21]

최순실 게이트는 우리 사회가 권위주의적인 위력에 순종하는 닫힌 사회에서 인간의 비판력을 자유롭게 허용하는 열린사회로의 이행의 충격에서부터 아직은 완전히 회복하지 못했음을 여실히 보여준다. 정치적 제도는 형식적으로 민주화되었지만, 이 제도가 적용되는 곳곳에는 부족적 사회의 권위주의가 여전히 만연해 있는 것이다.

'봉건시대에도 있을 법하지 않은 일이 일어났다'고 개탄하거나 '이게 나라냐!'라고 통탄한다고 해서 국가가 바로 서지는 않는다. 우리의 정치의식이 열린사회의 방향으로 바뀌어야 한다. 유가적 전통이 뿌리 깊은 우리 사회에서는 '누가 통치해야 하는가?'라는 인물 위주의 정치관이 여전히 강하게 작용한다.

물론 정치인이 지도력이 중요하지 않은 것은 아니지만 이 지도력이 보다 나은 사회 건설로 이어지기 위해서는 사람이 바뀌는 것보다는 체제와 문화가 민주적으로 바뀌어야 한다. 그것이 닫힌사회의 야만으로 퇴행하지 않고 열린사회로 나아갈 수 있는 올바른 길이다. 국가와 헌법, 그리고 민주주의의 의미를 다시 생각하게 만든 최순실 게이트를 통해 우리 사회가 진일보하려면 포퍼의 말을 음미해볼 필요가 있다.

정치사상은 처음부터 나쁜 정부의 가능성을 탐구해서는 안 되는가? 우리는 최악의 지배자에 대비하고, 최선의 지배자를 희망해서는 안 되는가? 그러나 이것은 정치적 문제에 대한 새로운 접근법을 초래한다. 그것은 '누가 통치해야 하는가'라는 질문 대신에 '우리는 사악하거나 무능한 지배자들이 너무 심한 해악을 끼치지 않도록 어떻게 정치제도를 조직할 수 있는가'라는 새로운 질문을 하도록 하기 때문이다.[22]

10 장

아렌트, 정치를 의심하다

"역사에서 모든 종말은 반드시 새로운 시작을 포함하고 있다는 진리도 그대로 유효하다. 이 시작은 끝이 줄 수 있는 약속이며 유일한 '메시지'다. 시작은 그것이 역사적 사건이 되기 전에 인간이 가진 최상의 능력이다. 정치적으로 시작은 인간의 자유와 동일한 것이다."

한나 아렌트, 《전체주의의 기원》

1.

정치적인 것이란 무엇인가

정치가 혐오와 무관심의 대상이 된 상황에서 정치철학을 하는 것만큼 어리석은 일도 없을 것이다. 도대체 무엇이 문제인가? 사람들이 정치를 혐오하면 할수록 이익을 취하는 직업 정치인들을 제외하면, 대부분의 사람들은 정치에 관해 상당한 편견과 선입견을 갖고 있다.

정치인들은 국민이라는 말을 가장 많이 입에 올리지만 정작 국민의 자유와 복지보다는 국민의 표심에 관심이 많다. 모든 사람이 합의하고 동의할 수 있는 정책을 수립하는 대신 정권 유지를 위해 막말과 폭력을 마다하지 않는 것도 정치인들이다. 어디 그뿐인가? 무능과 실정으로 지지 기반이 흔들리면 '비상시국'이라는 말로 건설적 비판과 발언조차 사전 봉쇄하려는 것도 정치인들이다.

이런 정치인들을 바라보고 있으면 직업으로서 정치를 수행하려면 '열정', '책임 윤리', '균형 감각' 같은 덕성이 필요하다는 막스 베버의 말은 구태의연하게 들리고, 정치는 권력을 잡기 위해 국민을 동원하는 단순한 기술처럼 여겨진다.

우리는 쉽게 속지 않을 수 있는가

오늘날 정치를 경시하고 혐오하고 배척하게 만드는 것은 비단 시장의 상인보다 못한 정치인들의 비정치적 행태뿐만은 아니다. 민주적 선거제도가 정착된 오늘날, 수준 낮은 정치인을 뽑는 것은 결국 국민이기 때문에 정치인 수준에 관해 이러쿵저러쿵 말하는 것이 무슨 소용이란 말인가. 경제 사정이 나빠지면 국민소득을 선진국 수준으로 올려주겠다는 말도 안 되는 공약에 속고, 사회의 양극화가 문제되면 경제민주화라는 허울 좋은 공약에 속는 것이 국민이다. 우리 국민은 왜 이렇게 쉽게 속는가?

1992년 미국 대선에서 클린턴이 승리하게 만든 문구인 "문제는 경제야, 바보야(It's the economy, stupid)!"는 정치에 대한 경시와 혐오의 근원을 잘 말해준다. 입에 풀칠하기도 어려운데, 다시 말해 경제적 필연성이 해결되지 않은 상태에서 '정치를 통한 자유 실현'을 운운하는 것은 말이 되지 않는다는 직관적 편견이 우리 의식 속에 깊게 뿌리내리고 있기 때문이다. 이런 상황에서 정치는 기껏해야 경제적 문제를 해결하는 정책적 행위, 즉 행정 관료적 행위로 인식될 뿐이다.

우리는 지난 20세기에 이러한 편견이 어떤 결과를 초래했는지 익히 알고 있다. 히틀러와 무솔리니, 스탈린으로 대변되는 정치인들은 나치즘·파시즘·스탈리니즘과 같은 전체주의적 지배를 통해 모든 문제를—단숨에 전체적으로—해결할 수 있다고 선전했으며, 많은 대중은 이에 동조했다. 600만 명에 이르는 유대인을 비롯해 수많은 생명을 죽음으로 몰아넣은 전체주의를 경험한 우리는 이제 모든 문제를 '전체적으로 또는 최종적으로' 해결할 수 있다는 정치인들의 주장에 의심의 눈초리를 보낸다. **우리는 쉽게 속지 않을 수 있는가?** 우리는 더 이상 전체주의적 유혹에 빠져들지 않을 수 있는가?

이런 질문이 여전히 의미 있게 다가오는 사람들은 한나 아렌트(Hannah Arendt, 1906~1975)라는 20세기의 걸출한 정치철학자를 떠올리지 않을 수 없다. 독일 계몽주의 문화에 동화된 유대인 가정에서 태어나 당대 최고의 철학자들인 하이데거·야스퍼스·후설·불트만에게서 철학과 신학을 배웠지만 나치 정권의 반유대주의를 피해 1933년 프랑스 파리로 망명했다가 1941년 미국으로 망명하여 1975년 12월 4일 뉴욕에서 죽을 때까지 정치와 자유의 문제를 치열하게 사유한 20세기 대표적인 정치철학자가 바로 한나 아렌트이다.

여기서 한 가지 의문이 떠오른다. 경제적으로 불필요하고 사회적으로 뿌리를 잃은 대중의 문제를 단숨에 해결할 수 있다고 유혹한 전체주의를 온몸으로 겪은 그녀가 왜 그토록 정치 문제에 매달린 것일까? 미래를 기약할 수 없는 참담한 정치 현실 속에서도 우리가 새롭게 시작할 수 있는 것은 우리의 정치적 역량 덕택이라고 주장하는 아렌트는 여전히 타당한가? 이런 의문을 갖고 아렌트를 읽으면 우리는 그녀의 사상을 관통하는 하나의 불가사의한 문장을 만나게 된다.

> 역사에서 모든 종말은 반드시 새로운 시작을 포함하고 있다는 진리도 그대로 유효하다. 이 시작은 끝이 줄 수 있는 약속이며 유일한 '메시지'다. 시작은 그것이 역사적 사건이 되기 전에 인간이 가진 최상의 능력이다. 정치적으로 시작은 인간의 자유와 동일한 것이다.[1]

아렌트의 대표적인 저작 중 하나인 《전체주의의 기원(The origins of Totalitarianism)》을 매듭짓고 있는 이 마지막 문장은 정치에 관한 우리의 편견과 대척점에 있다. 많은 사람은 힘과 폭력을 정당하게 독점하고 있는 국가가 정치적 갈등들을 관료적으로 해결하고, 국가와 사회의 안전을 군대와 경찰로 보장하는 '행정 기계'로 변하는 것을 전혀 이상하게 생각하지 않는다. 실업자가 생기면 적절한 복지 정책으로 대처하고, 인접 국가가 핵 위협을 하면 이에 대응할 수 있도록 군비를 확장하고, 범죄율이 높아지면 경찰력을 증대하는 것이 국가가 할 일이라면, 이 일을 효율적으로 잘하는 것이 바로 정치라고 사람들은 생각한다.

아렌트는 이런 편견에 정면으로 반기를 들고 빵의 경제와 자유의 정치를 본질적으로 구분하는 고대 그리스의 아리스토텔레스 사상으로 돌아가 전체주의 시대에 대응할 수 있는 정치철학을 정립하고자 한다. 아렌트에 의해 재해석된 고대 정치사상에 의하면, 인간은 무엇인가를 새롭게 시작할 수 있기에 자유롭고, 그것이 바로 정치라고 주장한다. 정치를 혐오하고 냉소적으로 바라보면서 "정치란 것이 도대체 여전히 의미가 있는가?"라고 질문을 던지면, 아렌트는 매우 간단하게 이렇게 대답한다. "정치의 의미는 자유이다."[2]

아렌트는 자유를 추구하는 정치 행위는 경제활동과 근본적으로 구분된다고 강조한다. 이 점에서 아렌트는 아리스토텔레스로 대변되는 고전주의 정치철학을 계승한다.

아리스토텔레스가 시민의 삶이라 부른 '좋은 삶'은 단지 일상의 삶보다 더 훌륭하고 근심으로부터 자유로우며 보다 고상한 생활이 아니라, 이것과는 질적으로 전혀 다른 삶이다. 단순한 삶의 필연성을 지배하고 노동과 생산으로부터 자유로우며, 자신의 생존에 대해 모든 피조물이 갖는 내적 충동을 극복하는 정도에 이르러서 더 이상 생물학적 과정에 매여 있지 않게 되었을 때, 이를 '좋은 삶'이라 부를 수 있다. …… 삶의 필연성을 가정에서 극복하지 않고서는 삶도 '좋은 삶'도 가능하지 않다. 그러나 정치는 결코 삶을 위해서 존재하지 않는다. 폴리스의 구성원에 관해 말한다면, 가정생활은 폴리스에서의 '좋은 삶'을 위해 존재할 따름이다.[3]

경제는 필연성을 해결하고, 정치는 자유를 추구한다. 아리스토텔레스부터 마르크스에 이르기까지 일관성 있게 견지되었던 정치와 경제의 구분은 점점 더 불투명해지고 있다. 자유의 영역인 정치는 필연성의 영역인 경제가 끝나는 곳에서 시작한다는 인식은 시대착오적인 것으로 여겨지고 있다. 효율성과 목적 합리성을 추구하는 경제의 논리가 삶의 모든 영역을 장악하여 식민지화했기 때문이다. 물론 경제적 문제를 해결하지 않고서는 자유를 실현할 수 없는 것이 사실이지만, 정치가 단순한 경제적 문제를 해결하는 행정으로 축소된다면 정치 자체가 위태로워진다는 것이 아렌트의 독창적인 인식이다.

그렇다면 아렌트에게 '정치적인 것'이란 도대체 무엇인가? 정치란 서로 다른 사람들이 말과 행위를 통해 공동의 세계를 자유롭게 만드는 것을 의미한다. 아렌트는 인간의 활동적 삶을 '노동'·'작업'·'행위'로 범주적으로 구분하면서 생물학적 과정에 상응하는 노동과 인공적 환경을 만드는 작업과는 달리 오직 행위만이 정치적 인간 조건에 부합한다고 주장한다.

정치의 근본 조건은 '함께 행위하고 말하는 것'

정치적 행위의 근본 조건은 "다원성으로서 인간 조건, 즉 보편적 인간(Man)이 아닌 복수의 인간들(men)이 지구상에 살며 세계에 거주한다는 사실에 상응한다."[4] 사람들은 함께 행위하고 말할 때 공동의 세계를 만들 수 있기 때문에 정치는 "사람들 사이"[5]에서 이루어진다. 그러므로 정치적인 것이란 사람들이 자유롭게 행위하고 다른 사람들과의 차별화를 통해 자신의 정체성을 발전시킬 수 있는 공간이다. 이 공간을 가졌을 때 우리는 비로소 '세계'에 참여할 수 있는 것이다.

이런 관점에서 보면 정치란 다양한 차이와 이해관계를 조정하는 것이기보다는 오히려 그런 차이와 다양성이 생성되는 곳이다. 사람은 말과 행위를 통해 능동적으로 다른 사람과 자신을 구분한다. 이러한 다원성이 표현될 수 있는 공간이 바로 공론 영역인 것이다.

한나 아렌트는 사람들이 자신을 드러내는 "현상의 공간은 말과 행위의 방식으로 사람들이 함께 사는 곳이면 어디서나 존재"한다고 전제하면서 이러한 공간을 공동으로 만들어가는 것이 바로 정치라고 말한다. '공동 세계의 자유로운 형성' 또는 '자유로운 세계의 공동 형성'이 정치다. 그렇기 때문에 정치의 근본 조건은 바로 '함께 행위하고 말하는 것'이다. 우리 모두의 삶에 관련된 공동의 문제 또는 공동 세계에 관해 공동으로 결정될 수 있는 자유로운 행위의 공간이 전제되어야 하는 것은 이 때문이다.

사람들의 다양한 말과 자유로운 행위를 보장하는 것이 '정치'라면, 말과 행위를 억압하거나 봉쇄하면서 현실적 문제를 해결하는 것은—전체주의 정권에서 볼 수 있는 것처럼 그것이 아무리 시급한 것처럼 보일지라도—정치가 아니라 단지 폭력적 행정에 불과할 뿐이다. 문제를 공동으로 해결하려고 노력하는 민주주의가 정치라면, 문제를 해결할 수 있다고 강요하는 전체주의는 비(非)정치다. 만약 우리가 긴박한 사회적 문제를 서로 다른 관점에서 볼 수 있다면, 아렌트의 정치 개념은 사회적 문제를 정치적으로 이슈화하는 데 여전히 의미 있다.

우리는 오늘날 세계의 곳곳에서 표출되고 있는 '사회적 양극화'의 문제를 두 각도에서 바라볼 수 있다. 하나는 '우리는 어떻게 생존할 수 있는가?'의 관점에서 이 문제에 접근하는 경제적-관료적 시각이다. 다른 하나는 '우리는 어떻게 살고 싶은가?'의 문제를 공동으로 논의하는 정치적-철학적 시각이다.

전자는 사회적 불평등과 양극화를 자본주의의 구조적 문제로 파악하고 수동적으로 받아들여 그 피해를 최소화할 수 있는 효율적 수단을 강구한다면, 후자는 우리가 직면하고 있는 문제들은 우리 인간에 의해 야기된 것이기 때문에 궁극적으로 우리가 공동으로 해결할 수 있다는 능동적 입장을 취한다. 이처럼 정치는 '우리가 살고 있는 삶이 꼭 이래야만 하는가?' 또는 '우리 세계가 왜 이런 상태여야만 하는가?'라는 질문으로 시작한다. 이런 시각으로 세계를 바라보면 '세계를 상실한' 사람들이 눈에 들어온다. 자본주의가 전 세계로 보편화된 글로벌 세계에서 사회적 양극화는 "경제적으로 불필요하고 사회적으로 뿌리를 잃은 대중"[6]을 양산한다.

양극화의 산물, 난민과 잉여

이 대중은 21세기에 난민과 잉여의 형태로 나타난다. 유엔난민기구 (UNHCR)의 보고서에 의하면 전쟁이나 갈등, 박해, 기아 등의 이유로 삶의 터전을 버린 난민의 숫자가 2015년 말 기준으로 6500만 명에 달한다고 한다. 이들은 자신의 국가를 떠나는 순간 말과 행위를 통해 함께 만들어갈 수 있는 세계를 상실한다. 그뿐만 아니라 그들은 무국적자로서 적나라한 폭력에 노출되어 정치적 생명뿐만 아니라 생명 자체를 위협받는—조르조 아감벤의 용어로 표현하자면—'호모 사케르(Homo Sacer)'가 된다. 이 난민들이 유럽 공동체를 파열시키고 결국에는 브렉시트를 야기했을 뿐만 아니라 이들을 적극적으로 수용한 독일 총리의 정치생명을 위태롭게 만드는 것을 보면 우리가 무시할 수 없는 사회적 문제임이 틀림없다.

난민이 글로벌 양극화의 국제적 산물이라면, 잉여는 사회적 양극화의 국내적 산물이다. 본래는 '남는 것', 즉 경제적 이익을 의미했던 '잉여'란 낱말이 오늘날 불필요함, 무용함을 의미한다. 무엇이 사회에 필요하고 유용한가를 결정하는 사회 권력에 의해 배제된 것, 다시 말해 '불량품'·'찌꺼기'·'쓰레기' 같은 것이 잉여이다.

세상은 여러 가지 이유로 수많은 잉여를 만들어낸다. 어떤 존재들은 오랫동안 존재해왔지만 바뀐 세상에 더 이상 어울리지 않기 때문에 잉여가 되고, 어떤 존재들은 그 시대가 만들어지고 굴러가는 과정에서 부산물처럼 배출된다. 또 어떤 존재들은 도무지 그게 뭔지 알 수 없고 통제할 수도 없기 때문에 잉여가 된다. 이렇든 저렇든 모든 잉여의 공통점은 그 시대의 관점에서 보았을 때 도무지 쓸데가 없다는 것이다.[7]

난민과 잉여로 대변되는 양극화 사회는 수많은 종류의 원자화된 대중을 양산한다. '88만원 세대', '20 : 80의 사회', '잉여사회'와 같은 신조어들은 세계 자본주의 경제가 단지 20퍼센트의 노동력만으로 모든 일이 가능해지고 나머지 80퍼센트의 사람들을 쓸모없는 존재로 만들고 있다. 자본주의가 가져올 풍요 사회에서 80퍼센트가 노는 사회가 아니라 80퍼센트를 쓸모없는 주변적 존재로 놀게 만드는 사회가 도래하고 있다. 한나 아렌트는 전체주의의 기원을 분석하면서 이런 사회의 가능성을 날카롭게 예견하고 있다.

오늘날 곳곳에서 인구가 증가하고 또 그에 따라 고향을 잃은 사람들이 증가하면서 다수의 사람들이 끊임없이 **불필요한 존재**가 되는, 즉 우리가 지속적으로 우리의 세상을 공리주의적 관점에서 생각한다면 그렇게 되는 상황에 시체 공장과 망각의 구멍의 위험이 도사리고 있다. 세계 도처에서 일어나는 정치적·사회적·경제적 사건들은 전체주의 도구와 은밀하게 공모하여 인간을 **불필요하게** 만들 방법을 궁리한다.[8]

이렇게 파편화되고 원자화된 잉여 존재는 일하고 싶어도 일할 기회를 갖지 못하고, 자신의 의견과 욕구를 말해도 체제에 의해 반영되지 않는, 그래서 사회로부터 남아도는 주변부로 '제외'되고 '배제'된다. 이들은 한마디로 말과 행위를 통해 참여할 수 있는 세계를 상실한 사람들이다. 난민처럼 정치적으로 국가(공동체)를 상실하고 잉여 존재처럼 국가 내부에서 쓸모없는 쓰레기로 전락한 사람들의 삶은 '적나라한 생존'으로 축소된다. 아렌트의 관점에 의하면 말과 행위를 통해 참여할 수 있는 공동 세계와 공적으로 움직일 수 있는 자유의 공간을 상실한 사람들이다.

여기서 사회적인 것과 정치적인 것, 경제와 정치를 질적으로 구분한 아렌트 정치철학이 빛을 발한다. 정치는 난민과 잉여처럼 사회적으로 배제된 사람들의 삶의 문제를 단순히 행정적, 기술적으로 해결하는 것이 아니다. 이들이 참여할 수 있는 공동 세계를 함께 만들어가는 것이 정치다.

잉여 존재를 표현하는 독일어 신조어인 '프레카리아트(Prekariat)'가 '위태로운(prekär, precarious)'과 '프롤레타리아트(Proletariat)'의 합성어라는 점에서 알 수 있는 것처럼, 잉여 존재가 직면한 진정한 위태로움은 경제적 궁핍뿐만 아니라 공동 세계를 상실한 '무세계성(Worldlessness)'⁹⁾이다.

공적 세계의 잠식은 결정적으로 극도로 원자화된 대중을 양산한다. 이들의 특징은 결코 야만과 퇴보가 아니라 고립과 정상적 사회관계의 결여이다. 이러한 경향과 과정의 끝은 두말할 나위 없이 공동 세계의 실종이다. 아렌트의 '무세계성'은 우리가 삶의 뿌리를 내릴 수 있는 구체적 장소를 잃어버렸다는 것을 의미할 뿐만 아니라 공동으로 참여할 수 있는 행위 공간을 상실했다는 것을 말한다.

그런데 우리는 정치적 공동체 안에서만 '정치적으로' 행위할 수 있으며, 그렇게 함으로써 비로소 우리에게 권리를 가질 수 있는 권리가 주어진다. 정치적 행위 공간을 잃어버린 사람들(displaced persons, 난민), 잉여가 되어 말과 행위를 박탈되어버린 사람들은 자신의 이해관계를 표현할 수조차 없다. 간단히 말해, 그들은 자신의 삶을 자신의 의지와 가치에 따라 '시작할' 수 없는 것이다.

여기서 아렌트가 《전체주의의 기원》을 끝맺는 마지막 문장의 의미가 풀린다. 무엇인가를 시작할 수 있다는 것은 정치적 행위이며 인간의 자유이다. **우리 사회는 정말 공동체의 구성원 모두에게 자신의 삶을 시작할 수 있는 기회를 보장하는가?** 우리는 어떻게 함께 잘 살 수 있는가? 우리는 어떻게 살기를 원하는가? 이런 물음에 대한 정치적 의문과 질문 없이는 우리가 겪고 있는 사회적 문제에 대한 그 어떤 기술적 해결도 있을 수 없다. 정치적 질문은 제기하지 않고 공리주의적 해결에만 매달리는 사람들에게 아렌트는 이렇게 경고한다.

전체주의의 해결책은 강한 유혹의 형태로 전체주의 정권의 몰락 이후에도 생존할 것이다. 즉 인간다운 방식으로 정치적, 사회적 또는 경제적 고통을 완화하는 일이 불가능해 보일 때면 언제나 나타날 강한 유혹의 형태로 생존할 것이다.[10]

"이는 마치 이 마지막 순간에 그가 인간의 연약함 속에서 이루어진 이 오랜 과정이 우리에게 가르쳐준 교훈을 요약하고 있는 듯했다. 두려운 교훈, 즉 말과 사고를 허용하지 않는 **악의 평범성을.**"

한나 아렌트, 《예루살렘의 아이히만》

2.

사회적 악은 어떻게 발생하는가

"어떻게 이런 일이 일어날 수 있었을까?" "왜 그 일이 일어났던가?" 우리가 갖고 있는 일반적인 이성과 상식으로는 도무지 이해할 수 없는 사건을 경험할 때 이런 질문을 제기한다. 사람들을 경악시켜 말문을 막히게 할 뿐만 아니라 생각조차 제대로 하지 못하게 만드는 이런 사건들은 대부분 인간에게 엄청난 고통과 불행을 가져다주는 악(惡)의 모습으로 나타난다.

이 세상의 좋은 일은 모두 신에게 돌아가듯 우리가 이해할 수도 없고 파악할 수조차 없는 불행은 대부분—바로 인간의 이해 능력을 넘어선다는 그 이유 때문에—악마의 소행으로 치부된다. 이해할 수 없는 악을 이해하려는 시도 자체가 상당히 어려울 뿐만 아니라 종종 오해를 불러일으키는 것도 이 때문이다.

우리가 여기서 캐묻고자 하는 것은 사회적 악이다. 사실 우리는 살아가면서 크고 작은 악행을 경험한다. 어떤 범죄적 행위는 그 자체가 비난받아 마땅하지만 그 행위의 동기를 이해할 수 있는 경우도 있고, 어떤 행위는 설령 그 결과가 경미할지라도 도저히 이해할 수 없을 수도 있다. 부모에 의존할 수밖에 없는 순진무구한 어린아이를 잔학하게 학대하다 죽여 놓고서도 태연한 친부모의 행동을 어떻게 이해할 수 있는가? 부모의 도움으로 미국 유학을 떠났다가 거액의 도박 빚을 진 채 귀국한 아들이 자신의 무능을 질책하는 아버지를 40여 차례, 어머니 또한 40여 차례나 칼로 찍어 죽인 사건이 이해될 수 있는가?

세상에는 우리를 경악시키는 수많은 악행이 저질러진다. 이런 악행은 너무나 이해할 수 없고 또 우리가 함께 할 수 없는 일이기에, 우리는 인류 2~3퍼센트가량 된다고 추정되는 사이코패스의 탓으로 돌리는 경향이 있다. 이런 방식은 너무나 간단해서 인간 본성의 어두운 심연을 들여다볼 수 없을 뿐만 아니라 사회의 악이 어떻게 발생하고 존재하는지는 더더군다나 설명하지 못한다.

악행을 저지르는 것은 악인이다. 우리가 도저히 이해할 수 없을 뿐만 아니라 용서할 수 없는 절대 악은 악마의 짓임이 틀림없다. 인간 본성의 어두운 숲을 천착했다고 평가받는 정유정의 소설 《종의 기원》(2016)은 어느 사이코패스의 내면을 보여준다. 이 소설의 1부는 "피 냄새가 잠을 깨웠다."로 시작하고, "짠 바람을 타고 피 냄새가 훅, 밀려왔다."로 끝맺는다.

피에 끌리고, 피를 보기 위해 죽음(죽임)을 갈망하고, 시신을 좋아하는 성향을 가진 사람들이 있다고 한다. 시신에 성적 매력을 느끼는 이런 변태성욕의 성향을 네크로필리아(necrophilia)라고 한다. 이 단어를 구성하는 낱말 '네크로스(nekros, dead)'가 죽음을 의미하고 '필리아(philia, love)'가 사랑을 뜻하니, 네크로필리아는 인간의 내면에 있는 프로이트적 죽음의 욕망이 변태적으로 표출된 것이다. 우리는 특별한 악인의 특별한 악행을 이해할 수 없을 때 이처럼 정상적인 인간과는 전혀 다른 성향을 갖고 있는 악마의 소행으로 돌린다.

여기서 우리는 한 가지 커다란 의문에 맞닥뜨리게 된다. 히틀러 나치 정권이 '최종 해결책'이라는 이름으로 약 600만 명에 달하는 유대인을 체계적이고 과학적인 방식으로 학살한 홀로코스트(Holocaust)를 어떻게 이해할 수 있는가? 어떻게 일어나서는 안 될 이런 일이 일어날 수 있었는가? 이 모든 악행은 오로지 히틀러 한 사람 때문인가? 히틀러가 이런 인류 역사상 전무후무한 집단 학살을 저지른 것은 그가 네크로필리아 성향을 가진 사이코패스이기 때문인가? 간단히 말해, 히틀러는 악마인가?

이 사건이 우리의 상식적 이해력을 넘어서면 넘어설수록 악마의 탓으로 돌리는 경향은 강해지지만, 그럼에도 풀리지 않는 몇 가지 문제는 여전히 우리를 괴롭힌다. 왜 나치 정권 하의 수많은 사람은 변변한 저항 한 번 해보지도 않고 악마의 '꼬임'에 넘어간 것인가? 지금 모두 있을 수 없는 일이 벌어졌다고 입을 모아 이야기하는 홀로코스트가 왜 그 당시에는 아무런 저항 없이 '순조롭게' 일어날 수 있었던 것인가?

한나 아렌트의 《예루살렘의 아이히만(Eichmann in Jerusalem)》은 이 의문에 대한 대답이다. 유대인 학살의 주범이라 할 아돌프 아이히만 (Adolf Eichmann, 1906~1962)이 이스라엘 비밀경찰에 의해 체포되어 예루살렘에서 재판을 받게 된다. 이 책은 아렌트가 미국의 교양 잡지 〈뉴요커〉의 재정적 지원을 받아 특파원 자격으로 예루살렘의 재판을 참관하고 쓴 일종의 보고서이다. 1963년 2월부터 〈뉴요커〉에 다섯 차례 게재된 이 글은 1963년 '예루살렘의 아이히만—악의 평범성에 대한 보고서'라는 제목으로 처음 출간되었다.

이 책이 출간되자마자 엄청난 선풍과 논란을 불러일으킨 것은 '악의 평범성(the banality of evil)'이라는 구절 때문이었다. 어떤 구절이 세상을 뒤흔드는 것은 쉽게 설명되지 않는다. 거대한 낱말과 어휘의 바다에서 몇몇의 표현만이 표면으로 떠올라 파도가 칠 때마다 새로운 논란을 야기하는 것은 순전히 우연일 수도 있다. 그러나 아렌트의 이 구절은 논란이 된 문제의 핵심을 꿰뚫고 있기에 여전히 우리를 불편하게 만든다.

수많은 유대인을 아무런 양심의 가책 없이 죽음의 수용소로 몰고 간 아이히만이 법정에 섰을 때, 대부분의 사람들은 악마와 괴물을 기대했을지도 모른다. 수백만 명의 유대인을 학살한 끔찍한 범죄를 저지른 아이히만은 괴물이어야만 했다.

그러나 아렌트는 홀로코스트의 끔찍한 악행을 저지를 사악한 의도와 동기를 갖지 않았다는 아이히만의 주장을 수용할 뿐만 아니라 자신이 저지른 행위의 사악함과 비도덕성조차 깨닫지 못한다는 점을 인정한다. 물론 아렌트가 말하는 '평범성'이 아이히만의 행위가 일상적이라거나 우리 모두에게는 아이히만과 같은 사악함이 잠재하고 있음을 의미하지 않는다. 아이히만처럼 행위의 동기가 평범하기 짝이 없는 우매함과 어리석음에 기인할 때 악은 발생할 수 있다는 것이다.

악의 평범성을 언급하는 순간, 아렌트는 비방과 중상과 경멸의 대상이 되었다. 인간으로서는 도저히 이해할 수 없는 악행을 저지른 범인을 악마와 괴물로 부르지 않는다는 사실 자체가 용납될 수 없었던 것이다. 그런데 우리는 여기서 악마의 소행으로 치부하고 싶은 유혹을 뿌리치고 이렇게 물어야 한다. **'그를 가학적인 악마로 부르는 순간 사라지는 의문과 질문 들은 도대체 어떤 것들인가?'**

수많은 국민과 시민을 생각 없는 군중으로 동원할 뿐만 아니라 행정 기구를 체계적인 살인 기계로 만든 것, 어제까지만 해도 친구와 동료였던 유대인들이 하나둘씩 집단 수용소로 끌려가 처참하게 죽어 간다는 사실을 인지하지 못하게 하거나 또는 설령 안다고 하더라도 침묵하게 만든 것, 자신의 처형자들에게 저항하기는커녕 오히려 동조하거나 협력하게 만든 것. '악마' 또는 '괴물'이라는 낱말을 내뱉는 순간, 이 모든 것에 대한 의문은 순식간에 파묻혀버린다.

아이히만이 법정에 등장하여 자신의 행위를 담담하게 서술하는 순간, 우리는 그가 "괴물이 아님을 알 수 있었다."[11] 왜 아렌트는 아이히만이 괴물이 아니라고 말한 것일까?

몇 년 전 예루살렘에서 있었던 아이히만의 재판에 대해 나는 '악의 평범성'에 관해 말했는데, 이는 어떤 이론이나 교리를 의도한 것이 아니라 매우 사실적인 어떤 것, 즉 엄청난 규모로 자행된 악행의 현상을 표현하고자 한 것이었다. 이 악행의 원인은 악행자의 어떤 특정한 악의나 병적 이상 또는 이데올로기적 확신으로 추적하여 밝혀낼 수 있는 것이 아니다. 그 악행자의 유일한 인격적 특성은 아마도 대단한 천박성이라고 할 수 있다. 그 행위가 아무리 괴물 같다고 해도 그 행위자는 괴물 같지도 악마적이지도 않았다. 그리고 재판 과정에서 또 그 앞서 있었던 경찰 심문에서 보인 그의 행동과 그의 과거 행적에서 탐지할 수 있었던 유일한 특징은 전적으로 부정적인 어떤 것이었다. 그것은 어리석음이 아니라 흥미롭지만 매우 진정한 의미의 '사유의 무능력'이었다.[12]

그저 명령을 따랐을 뿐인가

아렌트가 최초의 보고를 한 지 10년이 지나 쓴 이 글은 '악의 평범성'의 핵심을 잘 서술한다. 그의 행위는 분명 괴물 같고 악마적이다. 그렇지만 이런 끔찍한 악행을 저지른 악행자가 괴물 같지도 악마적이지도 않을 때 우리는 어떻게 판단해야 하는가?

아이히만은 잘 알려진 것처럼 자신은 나치 법률 체계 하에서는 아무런 잘못도 하지 않았고, 복종을 하는 것이 의무였다고 주장한다. 자신은 유대인이나 비유대인을 결코 죽인 적이 없다고 주장하면서, "그 일은 그냥 일어났던 일이다. 나는 단 한 번도 그 일을 해야 한다고 의도한 적이 없었다."고 말한다. 아이히만이 '악의'를 갖고 있지 않았을 뿐만 아니라 병리적으로 사이코패스도 아니라는 사실은 분명해 보인다. 그는 그저 상부의 명령에 따랐을 뿐이다.

> 그의 양심에 대해 그는 자신이 명령받은 일을 하지 않았다면 양심의 가책을 받았을 거라는 점을 완전히 기억하고 있었다. 그런데 그 일이란 수백만 명의 남녀와 아이들을 상당한 열정과 가장 세심한 주의를 기울여 죽음으로 보내는 것이었다. 분명히 이것은 받아들이기 힘든 일이다.[13]

악행을 저지른 괴물 같은 악행자가 '양심' 운운하는 것은 우리를 곤혹스럽게 만든다. 아이히만은 양심에 따라 행위하는 것은 바로 명령에 복종하는 것이라고 말하면서 칸트를 언급한다. 아이히만은 칸트의 정언명법을 거의 정확하게 인용한다. 그는 '나의 의지의 원칙이 항상 일반적 법의 원칙이 될 수 있도록 해야 한다.'는 칸트적 정언명법에 따라 살아왔다는 것이다.

아렌트는 물론 아이히만이 칸트의 도덕철학을 왜곡하고 있다는 점을 인정한다. 칸트의 정언명법은 물론 인간은 실정법에 대한 단순한 복종을 넘어서 법의 배후에 있는 보편적 원리와 자신의 의지를 일치시켜야 한다고 요구하지만, 대부분의 사람들은 법에 복종하는 것을 양심의 요구라고 생각한다.

"당신의 행동의 원칙이 이 땅의 법의 제정자의 원칙과 동일한 한에서 행위하라든가, 또는 만일 총통이 당신의 행위를 안다면 승인할 그러한 방식으로 행위하라."라는 식으로 아이히만은 칸트의 도덕철학을 "어린아이가 가정에서 사용할"[14] 방식으로 왜곡한다.

법을 절대적으로 강조하면, 법을 구성하는 원리에 대한 질문은 질식한다. 법과 법질서를 지나치게 요구하면 개인의 도덕적 판단보다는 법과 동일시되는 국가에 대한 복종이 중요해진다. 법이 과연 정당한가가 문제되지 않는다면, 합법성은 시민의 모든 행위를 정당화한다.

> 이 맥락에서 이것은 때로는 구 국가의 법(수립된 실정법)을 의미하기도 하고, 또 때로는 모든 사람의 마음 안에서 같은 목소리로 말한다고 생각되는 법을 의미하기도 한다. 그러나 실질적으로 말하면 명령에 불복종하는 것은 '명백히 불법적'인 것이 된다. 그리고 불법성은 그들의 머리 위에 휘날리는 검은 깃발처럼 '금지!'라고 쓰인 경고가 된다. 그런데 정상적인 상황에서는 범죄적 명령 위에서 합법적인 명령이 나부끼는 것처럼, 범죄적 정부에서는 이처럼 '경고'를 담은 '검은 기'가 정상적으로 합법적인 명령 위에서 분명히 나부끼게 된다.[15]

아이히만은 국가의 법을 성실하게 준수하는 시민의 의무를 다한 합법성의 대변인이다. 이처럼 법을 준수하고 상부의 명령만 따르는 것은 "우리 시대의 핵심적인 도덕적·법적·정치적 현상들에 주목하기를 고의적으로 거부하는 것을 의미한다."[16]

도덕적 숭고함이 표출되는 사회

사회적 악은 타인과 사회에 대한 평범한 무관심에서 나온다. 우리 인간은 살인이 정당화되는 전쟁에서조차도 잔혹한 방식으로 이루어지는 살인 행위에 대해 양심의 가책을 느낀다. 아무리 도덕적으로 고결한 사람이라도 자신의 깊은 무의식 속에는 원초적 폭력성과 금지된 행위에 대한 환상이 숨어 있을지도 모른다. 이런 인간의 욕구와 성향이 때때로 살인의 충동을 부추길지라도 문명화된 나라의 법은 모든 사람에게 '살인하지 말라'는 양심의 소리를 따른다.

설령 살인이 대부분의 사람들의 정상적인 도덕적 성향에 배치된다는 것을 잘 알고 있다고 하더라도 히틀러 나치 정권의 대량 학살 조직자들은 "양심의 소리가 모든 사람에게 '너는 살인할지어다.'라고 말하기를 요구한다." 간단히 말해 "제3제국의 악은 대부분의 사람들이 그 악을 인식하게 되는 특징을 상실한 것이다."[17]

정상적인 사람이라면 그런 것처럼 대부분의 독일인과 나치스도 도둑질을 하지 않고, 이웃을 죽음의 길로 내몰지 않으며, 살인을 하지 않으려는 양심의 '유혹'을 받았음이 틀림없을 것이다. 그런데 그들은 이 양심의 소리, 도덕적 유혹에 어떻게 귀를 막고 저항하는지를 조직적으로 배운 것이다. 이런 상황에서 악은 결코 악으로 인식되지 않는다.

아렌트가 주목한 것은 바로 악을 인식하지 못하게 하고 악에 저항하지 못하게 만드는 사회 조직이다. 전쟁 기간 동안 독일에는 그 어떤 조직적인 저항도 존재하지 않았다. 독일인 절대 다수가 히틀러를 신봉하고 있었기 때문에 상황은 매우 절망적이었고 아주 단순했다.

전쟁 말기에 있었던 몇몇 저항조차도 다른 사람들이 비인간적으로 고통을 받고 있다는 사실에 도덕적으로 분개해서 일어난 것이 아니었다. 그들은 독일이 전쟁에서 패배하여 폐허가 될 것이라는 신념에 따라 움직였을 뿐이다. 타인의 고통에 대한 무관심이 조직적으로 조성된 것이다.

이런 상황에서 대량 학살자들은 우리의 정상적인 도덕적 감정을 전도시킨다. 그들은 사람들에게 얼마나 끔찍한 일을 하고 있는지 느끼지 않는다. 그들이 대량 학살의 의무를 이행하면서 목격해야만 하는 일이 끔찍하면 할수록 자신들의 임무를 더욱 막중하게 느낄 뿐이다. 법을 준수하는 시민의 의무라는 '악의 평범성'은 이렇게 현실과 인간의 도덕적 본성을 인식하지 못하도록 주위에 벽을 에워싼다.

> 그의 말을 오랫동안 들으면 들을수록, 그의 말하는 데 무능력함 (inability to speak)은 그의 생각하는 데 무능력함(inability to think), 즉 타인의 입장에서 생각하는 데 무능력함과 매우 깊이 연관되어 있음이 점점 더 분명해진다. 그와는 어떠한 소통도 가능하지 않았다. 이는 그가 거짓말을 하기 때문이 아니라, 그가 말과 다른 사람들의 현존을 막는, 따라서 현실 자체(reality as such)를 막는 튼튼한 벽으로 에워싸여 있었기 때문이다.[18]

수백만 명의 유대인을 학살하고도 양심에 따라 의무를 이행했을 뿐이라는 이 어리석음의 희극은 그 자체가 공포일 수 있다. **어떻게 이런 일이 일어날 수 있는가?** 아렌트의 질문은 악 자체보다는 악이 일어나게 만드는 사회적 관계를 향한다. 인류에 대한 범죄도 자행하는 사회적 악은 타인과 사회에 대한 평범한 무관심에서 나온다는 '악의 평범성'에 대한 아렌트의 통찰은 우리 주위를 돌아보게 만든다.

도덕적, 정치적으로 말하자면 이러한 무관심이, 매우 광범위하게 퍼져 있을지라도, 최대의 위험이다. 그리고 이와 연관된 다른 공통적인 현대적 현상은 단지 조금만 덜 위험할 뿐인데, 그것은 판단 자체를 거부하는 널리 퍼진 경향이다.[19]

악의 평범성이 타인과 사회에 대한 무관심, 스스로 판단할 수 없는 무능력에 기인한다면 아렌트의 질문은 악을 향하지 않은 것일 수도 있다. 그의 질문은 늘 '인간다움'을 향한다. 우리는 부인할 수 없는 악의 경향에도 불구하고 어떻게 인간다운 삶을 새롭게 시작할 수 있는가?

우리 현대사에서 도무지 이해할 수 없는 일을 예리하게 서술한 한강은 《소년이 온다》에서 이렇게 말한다. "어떤 군중은 상점의 약탈과 살인, 강간을 서슴지 않으며, 어떤 군중은 개인이었다면 다다르기 어려웠을 이타성과 용기를 획득한다."[20] 인간의 근원적 야만보다는 인간이 근본적으로 지닌 도덕적 숭고함이 사회적으로 표출되는 사회를 만들 수는 없는가?

정치적으로 말하자면 그 교훈이란 공포의 조건 하에서 대부분의 사람들은 따라가지만 어떤 사람은 따라가지 않는다는 것이다. 그와 마찬가지로 최종 해결책이 제안된 나라들의 교훈은 대부분의 지역에서 '그 일이 일어날 수 있었지만' 그 일이 어디서나 일어나지는 않았다는 것이다. 인간적으로 말하자면, 이 지구가 인간이 거주하기에 적합한 장소로 남기 위해서는 그 이상의 것이 필요하지도 않고 또 그 이상의 것이 합리적으로 요구되지도 않는다.[21]

1장 마르크스, 역사를 의심하다

1) *An Economy for the 1%. How privilege and power in the economy drive extrem inequality and how this can be stopped*, http://www.oxfamamerica.org/static/media/files/bp210-economy-one-percent-tax-havens-180116-en_0.pdf.

2) Karl Marx, "Thesen über Feuerbach 11," *Marx Engels Werke(MEW)*, Bd. 3, (Berlin: Dietz Verlag, 1983), p.7.

3) G. W. F. Hegel, *Vorlesungen über die Philosophie der Geschichte*, Theorie-Werkausgabe von Eva Moldenhauer und Karl Markus Michel in zwanzig Bänden, (Frankfurt am Main: Suhrkamp, 1970), Bd. 12.

4) Karl Marx, *Vorwort zur Kritik der politischen Ökonomie*, MEW 13, 9.

5) Karl Marx/Friedrich Engels, *Manifest der kommunistischen Partei*, MEW 4, 462.

6) Karl Marx, *Zur Kritik der Hegelschen Rechtsphilosophie. Einleitung*, MEW 1, 378 ff.

7) Karl Marx, *Der achtzehnte Brumaire des Louis Bonaparte*, MEW 8, 115.

8) Karl Marx, "Thesen über Feuerbach 3", MEW 3, 5/6.

9) Karl Marx/Friedrich Engels, *Die deutsche Ideologie*, MEW 3, 21.

10) 유발 하라리, 조현욱 옮김,《사피엔스》, (김영사, 2015), 63쪽.

11) Karl Marx, "Thesen über Feuerbach 2." MEW 3, 5.

12) Robert K. Merton (1948), "The Self-Fulfilling Prophecy", *Antioch Review* 8 (2 (Summer)): 195.

13) Samuel P. Huntington, *The Clash of Civilizations and the Remaking of World Order*, (New York: Simon & Schuster, 1996).

14) Karl Marx, *Zur Kritik der politischen Ökonomie*, Vorwort, MEW, Bd. 13, (Berlin: Dietz Verlag, 1985), p.9.

15) Terry Eagleton, *Why Marx was right*, (New Haven & London: Yale University Press, 2011), p.40.

16) Karl Marx/Friedrich Engels, *Deutsche Ideologie*, MEW, Bd. 3, (Berlin: Dietz Verlag, 1983), p.33.

17) Friedrich Engels/Karl Marx, *Die heilige Familie*, MEW, Bd. 2, (Berlin: Dietz Verlag, 1985), p.98.

2장 니체, 신을 의심하다

1) 이진우,《니체, 실험적 사유와 극단의 사상》, (책세상, 2009), 8장.

2) G. W. F. Hegel, *Glauben und Wissen, in Werke in zwanzig Bänden*, Bd. 2, (Frankfurt am Main, 1970), 432쪽.

3) Friedrich Nietzsche, KSA 12, 2(127), 125.

4) 프리드리히 니체, 안성찬 · 홍사현 옮김,《즐거운 학문》, 니체 전집 12, (책세상, 2005), 199~201쪽.

5) 프리드리히 니체, 안성찬 · 홍사현 옮김, 같은 책, 200쪽.

6) 프리드리히 니체, 백승영 옮김,《안티크리스트》, 니체 전집 15, (책세상, 2002), 317쪽.

7) 프리드리히 니체, 안성찬 · 홍사현 옮김, 같은 책, 319~320쪽을 대화 형식으로 재구성함.

8) 프리드리히 니체, 안성찬 · 홍사현 옮김, 같은 책, 323쪽.

9) 프리드리히 니체, 이진우 옮김, 〈자기비판의 시도〉 5,《비극의 탄생》, 니체 전집 2, (책세상, 2005), 18쪽.

10) 프리드리히 니체, 이진우 옮김, 같은 책, 같은 곳.

11) Richard Dawkins, *The God Delusion*, (Boston: Houghton Mifflin, 2006).

12) 프리드리히 니체, 정동영 옮김,《차라투스트라는 이렇게 말했다》, 니체 전집 13, (책세상, 2000), 46쪽.

13) 프리드리히 니체, 정동영 옮김, 같은 책, 71쪽.

14) Richard Dawkins, "Religion's misguided missiles. Promise a young man that death is not the end and he will willingly cause disaster", *Guardian*, Saturday September 15, 2001.

15) 프리드리히 니체, 백승영 옮김, 〈나는 왜 이렇게 영리한지〉 1,《이 사람을 보라》, 니체 전집 15, (책세상, 2002), 350쪽.

16) 프리드리히 니체, 이진우 옮김,《유고(1885년 가을~1887년 가을)》, 니체 전집 19, (책세상, 2005), 266쪽.

17) Ronald Dworkin, *Religion without God*, (Cambridge and London: Harvard University Press,

2013).

18) Karl Rahner, *Sämtliche Werke*, Bd. 19, (Freiburg: Herder, 1964), 1.

19) 프리드리히 니체, 정동영 옮김, 같은 책, 63쪽.

20) 프리드리히 니체, 백승영 옮김, 〈네 가지 중대한 오류들〉 8, 《우상의 황혼》, 니체 전집 15, (책세상, 2002), 123~124쪽. 니체 사상의 요점이 드러나도록 대화 형식으로 재구성함.

21) 프리드리히 니체, 안성찬·홍사현 옮김, 같은 책, 323~324쪽.

3장 프로이트, 의식을 의심하다

1) 지그문트 프로이트, 임홍빈·홍혜경 옮김, 《새로운 정신분석 강의》, (열린책들, 1996), 14~15쪽.

2) Friedrich Nietzsche, KSA 9, 12(62), 587쪽: "Ich habe meinen Regenschirm vergessen." 안성찬·홍사현 옮김, 《즐거운 학문》, 니체 전집 12, 604쪽.

3) Jacques Derrida, "Sporen," in: W. Hamacher(ed.), *Nietzsche aus Frankreich*, (Frankfurt am Main, Berlin, 1986), 129쪽 이하.

4) Sigmund Freud, *Introductory Lectures on Psycho-Analysis (1916-1917)*, in *Standard Edition*, vol.16, 285쪽.

5) 프리드리히 니체, 안성찬·홍사현 옮김, 같은 책, 333쪽.

6) 요제프 브로이어가 치료하고 프로이트와 함께 익명 '안나 오(Anna O)'로 보고한 임상 사례의 환자 베르타 파펜하임(Bertha Pappenheim)이 자기 자신이 새로운 치료법을 '말하는 치료(talking cure)' 또는 익살스럽게 '굴뚝 청소(chimney sweeping)'로 불렀다.

7) 지그문트 프로이트, 임홍빈·홍혜영 옮김, 같은 책, 83~84쪽.

8) 지그문트 프로이트, 이한우 옮김, 《일상생활의 정신병리학》, 프로이트 전집 5, (열린책들, 1997), 343쪽.

9) 지그문트 프로이트, 임홍빈·홍혜영 옮김, 같은 책, 85쪽.

10) 지그문트 프로이트, 임홍빈·홍혜영 옮김, 같은 책, 91쪽.

11) 지그문트 프로이트, 김석희 옮김, 《문명 속의 불만》, 프로이트 전집 12, (열린책들, 2014), 235~236쪽.

12) 지그문트 프로이트, 임홍빈·홍혜영 옮김, 같은 책, 111쪽.

13) 지그문트 프로이트, 김석희 옮김, 같은 책, 351쪽.

14) 지그문트 프로이트, 김석희 옮김, 같은 책, 352쪽.

15) 지그문트 프로이트, 김석희 옮김, 같은 책, 346쪽.

16) 지그문트 프로이트, 김석희 옮김, 같은 책, 273쪽.

17) 지그문트 프로이트, 김석희 옮김, 같은 책, 326쪽.

18) 지그문트 프로이트, 김석희 옮김, 같은 책, 344쪽.

19) 지그문트 프로이트, 김석희 옮김, 같은 책, 285쪽.

20) 지그문트 프로이트, 김석희 옮김, 같은 책, 301쪽.

21) Jan Philipp Reemtsma, *Wie weiter mit Simund Freud?*, (Hamburg: Hamburger Edition, 2008), 35쪽.

22) 지그문트 프로이트, 김석희 옮김, 같은 책, 248쪽.

23) 지그문트 프로이트, 김석희 옮김, 같은 책, 같은 곳.

24) 지그문트 프로이트, 김석희 옮김, 같은 책, 257쪽.

25) 지그문트 프로이트, 김석희 옮김, 같은 책, 278쪽.

26) 지그문트 프로이트, 김석희 옮김, 같은 책, 249쪽.

27) 지그문트 프로이트, 김석희 옮김, 같은 책, 252쪽.

28) 유발 하라리, 조현욱 옮김,《사피엔스》, 588쪽.

4장 하이데거, 존재를 의심하다

1) Victor Farias, *Heidegger und der Nationalsozialismus*, (Frankfurt am Main: S. Fischer, 1989), 44쪽.

2) Victor Farias, 같은 책, 39쪽.

3) Peter Trawny (Hrsg.), *Martin Heidegger: Überlegungen II-VI (Schwarze Hefte 1931-1938)*. Gesamtausgabe Band 94. Klostermann, Frankfurt am Main 2014.

4) Martin Heidegger, *Die Selbstbehauptung der deutschen Universität. Das Rektorat 1933/4*, (Frankfurt am Main: Vittorio Klostermann, 1983), 9쪽.

5) 마르틴 하이데거, 이기상 옮김,《존재와 시간》, (서울: 까치, 1998), 13쪽.

6) 마르틴 하이데거, 이기상 옮김, 같은 책, 20쪽.

7) Martin Heidegger, *Zur Bestimmung der Philosophie*, Gesamtausgabe Bd.56/57, (Frankfurt am Main: Vittorio Klostermann, 1988), 70~73쪽.

8) 마르틴 하이데거, 이기상 옮김, 같은 책, 80쪽.

9) 마르틴 하이데거, 이기상 옮김, 같은 책, 176~177쪽.

10) 프리드리히 니체, 이진우 옮김, 〈비도덕적 의미에서의 진리와 거짓에 관하여〉, 《니체 전집 3: 유고(1870~1873년)》, (책세상, 2001), 443쪽.

11) Martin Heidegger, "Spiegel-Gespräch mit Martin Heidegger," in Günther Neske/Emil Kettering(eds.), *Antwort. Martin Heidegger im Gespräch*, (Pfullingen: Neske, 1988), 81~114쪽 중에서 98쪽.

12) Martin Heidegger, "Spiegel-Gespräch mit Martin Heidegger," 같은 책, 96쪽.

13) Martin Heidegger, *Die Technik und die Kehre*, (Pfullingen: Neske, 1962), 5쪽. 한국어판: 마르틴 하이데거, 이기상 옮김, 《기술과 전향》, (서광사, 1993), 15쪽.

14) Martin Heidegger, *Die Technik und die Kehre*, 7쪽. 《기술과 전향》, 19쪽.

15) Martin Heidegger, *Die Technik und die Kehre*, 18쪽. 《기술과 전향》, 51쪽.

16) Martin Heidegger, *Die Technik und die Kehre*, 12쪽. 《기술과 전향》, 35쪽.

17) Martin Heidegger, *Die Technik und die Kehre*, 15쪽. 《기술과 전향》, 43쪽.

18) Martin Heidegger, *Die Technik und die Kehre*, 16쪽. 《기술과 전향》, 45쪽.

19) Martin Heidegger, *Die Technik und die Kehre*, 14쪽. 《기술과 전향》, 41쪽.

20) Martin Heidegger, *Die Technik und die Kehre*, 7쪽. 《기술과 전향》, 77쪽.

5장 비트겐슈타인, 언어를 의심하다

1) 루트비히 비트겐슈타인, 이영철 옮김, 《논리-철학 논고》, 비트겐슈타인 선집 1, (책세상, 2006), 14쪽.

2) Johann Gottfried Herder, *Abhandlung über den Ursprung der Sprache(1772)*, (Stuttgart: Reclam, 2001).

3) 루트비히 비트겐슈타인, 이영철 옮김, 같은 책, 15쪽. 독일어 원문은 비트겐슈타인의 명제를 운율에 맞게 훨씬 더 잘 표현한다. Wovon man nicht *reden* kann, darüber muss man *schweigen*. (영어본: What we can not talk about we must pass over in silence.)

4) 루트비히 비트겐슈타인, 이영철 옮김, 《철학적 탐구》, 비트겐슈타인 선집 4, (책세상, 2006), 21쪽.

5) 루트비히 비트겐슈타인, 이영철 옮김, 《논리-철학 논고》, 2.1, 비트겐슈타인 선집 1, 24쪽.

6) 루트비히 비트겐슈타인, 이영철 옮김, 《논리-철학 논고》, 6.53, 비트겐슈타인 선집 1, 116쪽.

7) 루트비히 비트겐슈타인, 이영철 옮김, 《논리-철학 논고》, 6.52, 비트겐슈타인 선집 1, 116쪽.

8) 루트비히 비트겐슈타인, 이영철 옮김, 《논리-철학 논고》, 5.61, 비트겐슈타인 선집 1, 92쪽.

9) 루트비히 비트겐슈타인, 이영철 옮김, 《논리-철학 논고》, 4.112, 비트겐슈타인 선집 1, 48~49
쪽: "Philosophy is not a theory but an *activity*."

10) 루트비히 비트겐슈타인, 이영철 옮김, 《논리-철학 논고》, 4.462, 비트겐슈타인 선집 1, 62쪽.

11) 루트비히 비트겐슈타인, 이영철 옮김, 《논리-철학 논고》, 3.203, 비트겐슈타인 선집 1, 30쪽.

12) 루트비히 비트겐슈타인, 이영철 옮김, 《논리-철학 논고》, 6.421, 비트겐슈타인 선집 1, 113쪽.

13) 한강, 《채식주의자》(2007), (창비, 2016), 179쪽.

14) 루트비히 비트겐슈타인, 이영철 옮김, 《논리-철학 논고》, 6.54, 비트겐슈타인 선집 1, 117쪽.

15) 루트비히 비트겐슈타인, 이영철 옮김, 《논리-철학 논고》, 5.632, 비트겐슈타인 선집 1, 93쪽;
6.41, 112쪽; 6.44, 115쪽; 6.522, 116쪽.

16) 루트비히 비트겐슈타인, 이영철 옮김, 《논리-철학 논고》, 5.6, 비트겐슈타인 선집 1, 92쪽.

17) 루트비히 비트겐슈타인, 이영철 옮김, 《철학적 탐구》, 비트겐슈타인 선집 4; 《논리-철학 논
고》, 비트겐슈타인 선집 1, 36~37쪽.

18) 루트비히 비트겐슈타인, 이영철 옮김, 《철학적 탐구》, 비트겐슈타인 선집 4, 31쪽.

6장 호르크하이머·아도르노, 계몽을 의심하다

1) 레이 커즈와일, 윤영삼 옮김, 조성배 감수, 《마음의 탄생》, (크레센도, 2016), 20쪽.

2) M. 호르크하이머/Th. W. 아도르노, 김유동·주경식·이상훈 옮김, 《계몽의 변증법》, (문예출
판사, 1995), 15쪽.

3) M. 호르크하이머/Th. W. 아도르노, 김유동·주경식·이상훈 옮김, 같은 책, 20쪽.

4) M. 호르크하이머/Th. W. 아도르노, 김유동·주경식·이상훈 옮김, 같은 책, 23쪽.

5) M. 호르크하이머/Th. W. 아도르노, 김유동·주경식·이상훈 옮김, 같은 책, 40쪽.

6) M. 호르크하이머/Th. W. 아도르노, 김유동·주경식·이상훈 옮김, 같은 책, 63쪽.

7) M. 호르크하이머/Th. W. 아도르노, 김유동·주경식·이상훈 옮김, 같은 책, 27쪽.

8) M. 호르크하이머/Th. W. 아도르노, 김유동·주경식·이상훈 옮김, 같은 책, 31~32쪽.

9) M. 호르크하이머/Th. W. 아도르노, 김유동·주경식·이상훈 옮김, 같은 책, 41쪽.

10) M. 호르크하이머/Th. W. 아도르노, 김유동·주경식·이상훈 옮김, 같은 책, 29쪽.

11) M. 호르크하이머/Th. W. 아도르노, 김유동·주경식·이상훈 옮김, 같은 책, 54쪽.

12) M. 호르크하이머/Th. W. 아도르노, 김유동·주경식·이상훈 옮김, 같은 책, 55쪽.

13) M. 호르크하이머/Th. W. 아도르노, 김유동·주경식·이상훈 옮김, 같은 책, 67쪽.

14) 레이 커즈와일, 윤영삼 옮김, 조성배 감수, 같은 책, 15쪽.

15) M. 호르크하이머/Th. W. 아도르노, 김유동·주경식·이상훈 옮김, 같은 책, 16쪽.

16) M. 호르크하이머/Th. W. 아도르노, 김유동·주경식·이상훈 옮김, 같은 책, 194쪽.

17) M. 호르크하이머/Th. W. 아도르노, 김유동·주경식·이상훈 옮김, 같은 책, 228쪽.

18) M. 호르크하이머/Th. W. 아도르노, 김유동·주경식·이상훈 옮김, 같은 책, 179쪽.

19) M. 호르크하이머/Th. W. 아도르노, 김유동·주경식·이상훈 옮김, 같은 책, 170쪽.

20) M. 호르크하이머/Th. W. 아도르노, 김유동·주경식·이상훈 옮김, 같은 책, 172~173쪽.

21) Th. W. Adorno, *Minima Moralia*, in *Gesammelte Schriften*, hrsg.v. Rolf Tiedemann, Bd. 4, (Frankfurt am Main, 1997), p.70.

22) M. 호르크하이머/Th. W. 아도르노, 김유동·주경식·이상훈 옮김, 같은 책, 187쪽.

23) M. 호르크하이머/Th. W. 아도르노, 김유동·주경식·이상훈 옮김, 같은 책, 같은 곳.

24) M. 호르크하이머/Th. W. 아도르노, 김유동·주경식·이상훈 옮김, 같은 책, 191쪽.

25) M. 호르크하이머/Th. W. 아도르노, 김유동·주경식·이상훈 옮김, 같은 책, 194쪽.

26) M. 호르크하이머/Th. W. 아도르노, 김유동·주경식·이상훈 옮김, 같은 책, 같은 곳.

27) M. 호르크하이머/Th. W. 아도르노, 김유동·주경식·이상훈 옮김, 같은 책, 200쪽.

28) M. 호르크하이머/Th. W. 아도르노, 김유동·주경식·이상훈 옮김, 같은 책, 같은 곳.

29) M. 호르크하이머/Th. W. 아도르노, 김유동·주경식·이상훈 옮김, 같은 책, 196쪽.

7장 사르트르, 타인을 의심하다

1) M. 호르크하이머/Th. W. 아도르노, 김유동·주경식·이상훈 옮김, 《계몽의 변증법》, (문예출판사, 1995), 169쪽. 직역하면 "오늘날 문화는 모든 것을 유사성으로 두들겨 만든다(Kultur heute schlägt alles mit Ähnlickeit)."로 옮길 수 있는 독일어 표현보다는, "오늘날 문화는 모든 것을 유사성으로 감염시킨다(Culture today is infecting everything with sameness)."는 뜻의 영어 번역이 사태를 더 정확하게 전달한다.

2) 올리버 예게스, 강희진 옮김, 《결정장애 세대: 기회의 홍수 속에서 길을 잃은 사람들》, (미래의창, 2014), 15쪽.

3) 올리버 예게스, 강희진 옮김, 같은 책, 11쪽.

4) 장 폴 사르트르, 정소성 옮김, 《존재와 무》, (동서문화사, 2014), 55쪽.

5) 올리버 예게스, 강희진 옮김, 같은 책, 8쪽.

6) 장 폴 사르트르, 정소성 옮김, 같은 책, 241쪽.

7) 장 폴 사르트르, 박정태 옮김, 《실존주의는 휴머니즘이다》, (이학사, 2008), 44쪽.

8) 장 폴 사르트르, 박정태 옮김, 같은 책, 35쪽.

9) 장 폴 사르트르, 박정태 옮김, 같은 책, 59쪽.

10) 장 폴 사르트르, 정소성 옮김, 같은 책, 131쪽.

11) 장 폴 사르트르, 박정태 옮김, 같은 책, 83쪽.

12) 장 폴 사르트르, 정소성 옮김, 같은 책, 726쪽.

13) 장 폴 사르트르, 정소성 옮김, 같은 책, 790쪽.

14) J. P. Sartre, *No exit, and three other plays*, (New York: Vintage International, 1989).

15) 장 폴 사르트르, 정소성 옮김, 같은 책, 433쪽.

16) 장 폴 사르트르, 정소성 옮김, 같은 책, 440~442쪽.

17) 장 폴 사르트르, 정소성 옮김, 같은 책, 386쪽.

18) 장 폴 사르트르, 정소성 옮김, 같은 책, 438쪽.

19) 장 폴 사르트르, 정소성 옮김, 같은 책, 604쪽.

20) 장 폴 사르트르, 정소성 옮김, 같은 책, 617쪽.

21) 장 폴 사르트르, 정소성 옮김, 같은 책, 605쪽.

22) 장 폴 사르트르, 박정태 옮김, 같은 책, 78쪽.

8장 베냐민, 예술을 의심하다

1) Paul Valéry, *Pièces sur l'art*, (Paris: Gallimard, 1934). 발터 베냐민, 최성만 옮김, 《기술복제시대의 예술작품》, 발터 베냐민 선집 2, (도서출판 길, 2007), 99쪽.

2) Walter Benjamin, "Brief an Alfred Cohn im Oktober 1935," in: Gesammelte Briefe, Bd. V, (Frankfurt am Main, 1999), p.184.

3) 발터 베냐민, 최성만 옮김, 같은 책, 100쪽.

4) 발터 베냐민, 최성만 옮김, 같은 책, 108쪽.

5) 발터 베냐민, 최성만 옮김, 같은 책, 104쪽.

6) 발터 베냐민, 최성만 옮김, 같은 책, 109쪽.

7) Martin Heidegger, "Der Ursprung des Kunstwerkes," in *Holzwege*, Gesamtausgabe Bd. 5, (Frankfurt am Main: Vittorio Klostermann, 1977), 19쪽.

8) 발터 베냐민, 최성만 옮김, 같은 책, 109쪽.

9) 발터 베냐민, 최성만 옮김, 같은 책, 108쪽.

10) 발터 베냐민, 최성만 옮김, 같은 책, 104쪽.

11) 발터 베냐민, 최성만 옮김, 같은 책, 102쪽.

12) 발터 베냐민, 최성만 옮김, 같은 책, 113쪽.

13) Marshall McLuhan/Quentin Fiore, *The Medium is the Massage: An Inventory of the Effects(1967)*, (Corte Madera, CA: Gingko Press, 2001).

14) 발터 베냐민, 최성만 옮김, 같은 책, 107쪽.

15) 발터 베냐민, 최성만 옮김, 같은 책, 150쪽.

16) 발터 베냐민, 최성만 옮김, 같은 책, 168쪽, 139쪽.

17) 발터 베냐민, 최성만 옮김, 같은 책, 138~139쪽.

18) 발터 베냐민, 최성만 옮김, 같은 책, 122쪽.

19) 발터 베냐민, 최성만 옮김, 같은 책, 133쪽.

20) 발터 베냐민, 최성만 옮김, 같은 책, 117쪽.

21) 발터 베냐민, 최성만 옮김, 같은 책, 142쪽.

22) 발터 베냐민, 최성만 옮김, 같은 책, 143쪽.

23) 발터 베냐민, 최성만 옮김, 같은 책, 143쪽, 각주 38.

24) 발터 베냐민, 최성만 옮김, 같은 책, 147쪽.

25) 에드가 모랭, 이상률 옮김, 《스타》, (문예출판사, 1992), 135쪽. 발터 베냐민, 최성만 옮김, 같은 책, 128쪽.

9장 포퍼, 과학을 의심하다

1) 칼 포퍼, 허형은 옮김, 〈진화론적 지식론에 대하여〉, 《삶은 문제해결의 연속이다》, (부글북스, 2006), 237~266쪽 중에서 238쪽.

2) 칼 포퍼, 허형은 옮김, 같은 책, 260쪽.

3) Karl R. Popper, *Conjectures and Refutations: The Growth of Scientific Knowledge*, (London and New York: Routledge, 1963), 55쪽.

4) 칼 포퍼, 허형은 옮김, 같은 책, 248쪽.

5) 칼 포퍼, 허형은 옮김, 같은 책, 178쪽.

6) Karl R. Popper, *Logik der Forschung*, (Tübingen, 1971), 15쪽. 강조는 필자에 의한 것임.

7) 칼 포퍼, 허형은 옮김, 같은 책, 187쪽.

8) 칼 포퍼, 허형은 옮김, 같은 책, 259쪽.

9) 칼 포퍼, 허형은 옮김, 같은 책, 265쪽.

10) 칼 포퍼, 이한구 옮김, 《열린사회와 그 적들 1》, (민음사, 2016), 285쪽. 《열린사회와 그 적들》은 본래 두 권으로 구성되어 있다. 1권은 '플라톤의 주술', 2권은 '헤겔, 마르크스, 그리고 그 여파'라는 부제를 달고 있다. Karl R. Popper, *The Open Society and Its Enemies, Vol. 1: The Spell of Plato; Vol. 2: Hegel, Marx and the Aftermath*, (Princeton: Princeton University Press, 1966).

11) 칼 포퍼, 이한구 옮김, 같은 책, 283쪽.

12) 칼 포퍼, 허형은 옮김, 같은 책, 178쪽.

13) 칼 포퍼, 이한구 옮김, 같은 책, 295쪽.

14) 칼 포퍼, 이한구 옮김, 같은 책, 295쪽.

15) 칼 포퍼, 이한구 옮김, 같은 책, 330쪽.

16) 칼 포퍼, 이한구 옮김, 같은 책, xiv쪽.

17) Karl R. Popper, *The Poverty of Historicism*, (New York and Evanston: Harper & Row, 1964), 71쪽.

18) Karl R. Popper, 같은 책, 77쪽.

19) Karl R. Popper, 같은 책, 3쪽.

20) 칼 포퍼, 허형은 옮김, 같은 책, 243쪽.

21) 칼 포퍼, 허형은 옮김, 같은 책, 165쪽.

22) 칼 포퍼, 이한구 옮김, 같은 책, 204~205쪽.

10장 아렌트, 정치를 의심하다

1) 한나 아렌트, 이진우·박미애 옮김, 《전체주의의 기원 2》, (한길사, 2006), 284쪽.

2) Hannah Arendt, *Was ist Politik?*, (München: Piper, 2003), 28쪽.

3) 한나 아렌트, 이진우·태정호 옮김, 《인간의 조건》, (한길사, 2015), 89~90쪽.

4) 한나 아렌트, 이진우·태정호 옮김, 같은 책, 56쪽.

5) Hannah Arendt, 같은 책, 11쪽.

6) 한나 아렌트, 이진우·박미애 옮김, 같은 책, 252쪽.

7) 최태섭, 《잉여사회 – 남아도는 인생들을 위한 사회학》, (웅진지식하우스, 2013), 14쪽.

8) 한나 아렌트, 이진우·박미애 옮김, 같은 책, 252쪽. 강조는 논자에 의한 것임.

9) 한나 아렌트, 이진우·태정호 옮김, 같은 책, 107쪽.

10) 한나 아렌트, 이진우·박미애 옮김, 같은 책, 253쪽.

11) 한나 아렌트, 김선욱 옮김, 정화열 해제,《예루살렘의 아이히만 – 악의 평범성에 대한 보고서》, (한길사, 2006), 112쪽.

12) Hannah Arendt, "Thinking And Moral Considerations," *Responsibility and Judgment*, ed. Jerome Kohn, (New York: Schocken Books, 2003), 159쪽.

13) 한나 아렌트, 김선욱 옮김, 정화열 해제, 같은 책, 78~79쪽.

14) 한나 아렌트, 김선욱 옮김, 정화열 해제, 같은 책, 210~211쪽.

15) 한나 아렌트, 김선욱 옮김, 정화열 해제, 같은 책, 225쪽.

16) 한나 아렌트, 김선욱 옮김, 정화열 해제, 같은 책, 225쪽.

17) 한나 아렌트, 김선욱 옮김, 정화열 해제, 같은 책, 226쪽.

18) 한나 아렌트, 김선욱 옮김, 정화열 해제, 같은 책, 106쪽.

19) Hannah Arendt, "Some Questions of Moral Philosophy," *Responsibility and Judgment*, 146쪽.

20) 한강,《소년이 온다》, (창비, 2014), 95쪽.

21) 한나 아렌트, 김선욱 옮김, 정화열 해제, 같은 책, 324~325쪽.

의심의 철학

1판 1쇄 발행일 2017년 4월 3일
1판 6쇄 발행일 2020년 7월 20일

지은이 이진우

발행인 김학원
발행처 (주)휴머니스트 출판그룹
출판등록 제313-2007-000007호(2007년 1월 5일)
주소 (03991) 서울시 마포구 동교로23길 76(연남동)
전화 02-335-4422 **팩스** 02-334-3427
저자·독자 서비스 humanist@humanistbooks.com
홈페이지 www.humanistbooks.com
유튜브 youtube.com/user/humanistma **포스트** post.naver.com/hmcv
페이스북 facebook.com/hmcv2001 **인스타그램** @humanist_insta

편집주간 황서현 **편집** 전두현 임미영 **디자인** 김태형 한예슬
용지 화인페이퍼 **인쇄** 청아문화사 **제본** 정민문화사

ISBN 979-11-6080-025-8 03100

이 도서의 국립중앙도서관 출판예정도서목록(CIP)은 서지정보유통지원시스템 홈페이지(http://seoji.go.kr)와
국가자료공동목록시스템(http://www.nl.go.kr/kolisnet)에서 이용하실 수 있습니다.(CIP제어번호: CIP2017006469)

NAVER 문화재단 파워라이터 ON 연재는 네이버문화재단 문화콘텐츠기금에서 후원합니다.